寿司屋のかみさん
新しい味、変わらない味

佐川芳枝

青春新書
INTELLIGENCE

はじめに

新宿と中野に挟まれた東中野という静かな町で、息子と寿司屋を営《いとな》んでいる。

はじめてみえたお客さんに、

「このお店は、何年やってるんですか？」

と聞かれ、

「50年くらいですね」

と答えると、

「えっ、すごいですねえ」

驚いた顔になる。

名登利《なとり》寿司が開店したのは昭和48年11月だ。わたしは、そのときまだ嫁いできてなくて、夫と両親とブンちゃんという若い衆で店をやっていた。夫の両親はこの場所で靴屋を営んでいたのだが、寿司屋修業から戻った息子に店を譲ったという。

その1年半後の昭和50年、銀行関係のＯＬだったわたしに、

「寿司屋の若旦那と見合いしない？」

という話がきて、とんとん拍子に話がまとまり、寿司屋の若おかみになった。と、ここまでは順調だったが、サラリーマン家庭で育ったわたしは商店の暮らしになじむまでに時間がかかり、厨房のすみで泣いたりした。

それでも仕事さえ覚えればと、夫から海苔巻きの巻き方や包丁の使い方、魚の見分け方などを教わった。そんな日々のことを『寿司屋のかみさんうちあけ話』というエッセイに書き、いまは寿司屋のおかみと物書きを兼業している。

息子の豊は大学を中退して、しばらくサラリーマンをしていたのだが、結婚を機に、

「寿司屋になりたい」

と言うので、夫が修業した新小岩の名登利鮨で仕事を仕込んでもらい、二代目としてつけ場に立つようになった。夫は店の後継者ができてうれしそうだったが、わたしの後継者はいない。というのも息子の妻は美容室を経営しているので、おかみ業はできないからだ。

息子が入ってから若いお客さんが増え、順調な日々が続いていたが、5年前に夫ががんで亡くなった。そのあとコロナ禍もあり、どうなることかと思ったが、お客さん

に支えていただきここまでやってこられた。

今年の春、ふと思い立って押し入れの片づけをはじめたら、夫が書いていた、仕入れや店に関する覚え書きノートが出てきた。古いものは昭和48年12月で、欠けている年もあるが、平成20年ころまでの仕入れていた魚の名前や値段が細かく書いてあった。もう見かけなくなった寿司ネタもあり、読んでみたらおもしろいので、いまの仕事と比較をしながら本にまとめた。小さな寿司屋の内輪の話なので、この本を読み終わったときに、

「なんだか、寿司が食べたくなったなあ」

と思っていただけたら、とてもうれしい。

寿司屋のかみさん　新しい味、変わらない味

◇お品書き◇

◎ 両方食べたいですっ！

◇名物も新顔も、おつまみ各種あります

◇

懐かしい人、忘れられない人

◇時代が変われば、寿司屋も変わる？

◇寿司屋のおいしい名脇役

本文デザイン／青木佐和子
カバーイラスト／松本よしえ

両方食べたいですっ!

◈アナゴの新しい食べ方

アナゴの仕込みは、寿司ネタのうちでも時間がかかる。まず、アナゴをまな板に寝かせて目のところを目打ちで固定して、包丁で背中からぴーっと開き、骨をとって、包丁の背で皮のぬめりを落としアナゴを水洗いする。きれいに洗わないと臭みが出るから、腹が真っ白になるまで洗う。

洗い終わったら、白焼きにする分を冷蔵庫にしまい、アナゴを煮る作業にかかる。あらかじめ鍋に煮汁を準備しておき、煮立ったところにアナゴを入れる。味つけのレシピなどはなく、二代目が入店したとき、うちのアナゴの味を夫から教わったそうだ。落とし蓋をして中火で煮て、25分たったら火を消し、そのまま夕方まで鍋に入れて味をなじませる。開店前にアナゴを盆ざる（直径50センチくらいの丸くて平たいざる。コハダやサバに塩を打つときも使う）にしばらくのせて汁を切ってから、キッチンペーパーを敷いた四角いざるに移す。アナゴが冷蔵庫に収まるまで5時間近くかかる。これは早くなったほうで、夫がやっていたころは、煮あがってから夜の10時ころまで

鍋の中に漬けていて、アナゴの注文がくると鍋から出して汁気を切り、

「煮あがりのアナゴです」

とお出ししていた。二代目がやるようになってからは、夕方には冷蔵庫にしまう。

理由を聞いたら、

「ある程度の時間、煮汁に漬けたら、それ以上、味は浸透しないんだ。だから上げてしまって、寿司にするときはヤマ（笹の葉）にのせて炙《あぶ》って、温かいのを出したほうがいいと思う」

とのことで、アナゴは夕方、鍋から上げるようになった。

残った煮汁はツメ（アナゴに塗る甘いたれ）にするので、4分の1くらいの量になるまで煮詰めて、パックに入れて冷凍保存しておく。

アナゴはツメを塗った寿司が定番だが、最近はネギ醤油という食べ方もある。

半年くらい前に二代目が厨房にきて、小皿を差し出した。

「新作なんだけど、味見してくれるかな……」

見ると、煮アナゴに煮切り醤油を塗り、刻んだ長ネギをのせた寿司だ。長ネギの香りが漂ってきて食欲をそそる。

知り合いの寿司屋さんで食べておいしかったので、うちの店流にアレンジしてみたという。

食べたら、長ネギのしゃきっとした歯ごたえに、煮切り醤油のうまみとアナゴのとろりとした甘みが混ざって、いままで食べたことのない感動的な味だった。

「すごくおいしいっ。これなら10貫は食べられそう。いや、ツメも好きだから半々でもいいな……」

わたしが言うと、

「いや、それはちょっと」

二代目は、そそくさとつけ場に行ってしまった。

その日は常連の高原さんと、秘書の結城さんの予約が入っていた。高原太郎先生はMRIを使った、痛みがなくて精度の高い乳がん検診を世界に広めている、すてきなドクターだ。お寿司が大好きな高原さんにこのネギ醤油を味わっていただいて感想を聞きたいと、二代目ははりきった顔だ。

おまかせコースの終わり近くになって、

「これはアナゴの新作なんですが」

と、熱々のネギ醤油の握りをお出しした。

「おいしそうですねえ」

「いい香り」

ふたりはぱくりと食べてから、顔をほころばせた。

「おいしいっ。アナゴにネギがあってますねえ」

と高原さん。結城さんも、

「ツメも好きですけど、このネギ醤油もすごくいいですね」

と言ってくれたので、二代目はうれしそうに頭を下げた。そういえば結城さんから
こんな話を聞いた。招待で六本木の寿司屋さんに行ったときのこと、

「握りは何にしますか？」

職人さんに聞かれ、

「アナゴとコハダと、ワサビの入ったかんぴょう巻きください」

と言ったら、

「お客さん、通ですねえ……」

と言われたという。

「こちらでいただいたものをつい、言ってしまって」

結城さんが言うので、

「若いのに、好みが渋いと思われたんじゃないですか」

二代目が言って大笑いになった。

高原さんと結城さんの感想を聞いてからは、

「アナゴは甘いたれか、さっぱりしたネギ醤油かどちらか選べますが」

とお客さんに選んでいただくようになった。いまのところ半々くらいだが、

「両方、食べたいですっ」

という、アナゴ好きのお客さんもいるからうれしい。


アナゴをヤマにのせて焼き網で炙ると、ふんわりやわらかな香りが流れてくる。これをかぐと、どんなに忙しいときでも気持ちが和むからふしぎだ。ヤマにそういう成分が含まれているのかもしれない。ヤマは熊笹の葉のことで、山でとれるからそう呼ぶようになったらしい。魚河岸《うおがし》のつま屋さんに頼んでおくと、枝のついた笹の葉が届く。これを枝からはずしてよく洗い、ビニール袋に入れて冷蔵庫にしまっておく。仕

入れるのはひと月に一度くらいだ。

新緑のころは鮮やかな緑の葉が、秋になると色があせて葉が厚ぼったくなる。ヤマの色合いで季節を感じたりしたが、1年くらい前、

「こんなのがあったから、試しに買ってみたけどどうかな」

二代目が真空パックを差し出した。開いてみると、大きめの笹の葉がたくさん入っている。これを小分けにして冷凍保存すればいいと、つま屋さんで教わったという。

とりあえず使ってみると、葉が厚くて、水分が多いのでアナゴをじっくり炙れる。

「これ、すごく使いやすいわ。焦がす心配が減るし」

忙しいとき、うっかりアナゴを焦がしてしまうことがあったから、感心して言うと、

「豊洲には、新しいものがたくさんあるから見るのが楽しいんだ」

と二代目が言った。

真空パックのヤマなんてと言われるかと、心配だったらしいが、わたしは新しいものが好きだから、使いやすければ大歓迎だ。

でも夫がいたら、

「ヤマは枝についてるほうがいい。これは笹切りに向かないし」

と言ったかもしれない。

笹切りというのは薄くてやわらかい笹の葉を選んで、包丁の先で海老とか鶴亀、季節の花などを切り抜くことだ。切り抜いた笹の葉は、出前の盛り込みの寿司とか刺身の飾りにする。夫はこれが得意で、外国人のお客さんがみえると披露してプレゼントしていた。

そういえば昔、出前したお宅から、

「笹の葉なんて不潔だから、寿司に入れないでください」

と言われたことがあった。きれいに切り抜いてあったのだが、お客さんには道端に生えている雑草のように見えたらしい。夫はがっかりした様子だったが、そういう人もいるのだと思い、出前にはビニール製の葉を入れることにした。

それでも新緑のころの笹の葉が入ると、夫は笹切りの包丁を取り出して鶴亀を切り抜き、

「うん、まだ腕は落ちてないな」

と、ひとりごとを言っていた。昔は、笹切りで包丁の腕を磨くという意味もあったらしいが、二代目は笹切りはやったことがないというし、師匠もやってなかったとい

うから昔の仕事なのだろう。

アナゴの白焼きはヤマは使わず、網にのせて直火で焼く。

白焼きの握りはたまにしか出ないが、注文があると、塩とスダチをのせた寿司か、ワサビにするか選んでいただく。どちらもさっぱりして歯ごたえがあり、新鮮なアナゴの味がよくわかる寿司だ。

焼きあがる寸前に味醂《みりん》を塗って、照りを出してから火を止める。つまみのときは、きざんだきゅうりとワサビ、スダチを添えて小鉢に盛る。

「白焼きは腹の皮目のところを表に、しっぽに近いほうは裏にして、高さを出して盛りつけるように」

と夫に教わったので、しっぽに近い部分はきつね色に焼き、こんもりおいしそうに盛りつけるようにしている。生きのいいアナゴの白焼きは、焼きあがりがふっくらして皮目につやつやかな脂があり、ほんとうにきれいだ。

生きのいいアナゴといえば、せんだって、アナゴの仕込みをしていた二代目が、

「痛いっ！」

と声を上げたので、包丁で指でも切ったのかと思ったら、アナゴに指をかまれたと

いう。アナゴの歯は内側に向かって鋭く生えている。仲買から仕入れるとき、首の付け根に包丁をとんっと入れて、締めてから持ってくるのだが、このアナゴはまだ生きていたのだ。

「それだけ生きがいいってことね」

「そうだね。しかし、アナゴにかまれたのははじめてだな」

二代目は傷口を洗いながら言った。そんなトラブルは聞いたことがなかったから、よほど生命力のあるアナゴだったのだろう。

◇ホタテ貝の握りとつまみ

ホタテ貝は人気のあるネタだ。ネタケースの中に、大人の手のひらより大きいのが並んでいると、

「これはなんですか？」

とお客さんに聞かれる。

「ホタテ貝です」

と言うと、

「大きいですねえ」

驚いた顔になる。最近の寿司屋さんはネタケースなしのところが多いようだが、うちは昔ながらのネタケースに魚を並べている。魚を見るのが好きというお客さんが多いし、はじめての人だと話のきっかけにもなるからだ。

殻つきのホタテ貝を塩とスダチをのせた寿司にすると、ホタテの甘みにスダチの酸味が広がりシャリによくなじみ、とてもおいしい。ヒモとワタは殻に入れて焼き網で

焼き、醤油を少し落とすと、おいしい香りがあたりに漂う。焼いたヒモは歯ごたえがあり、ワタもコクのある味なので、握りとつまみで二度楽しめるコスパのいい貝だ。ヒモやワタを焼くとコクのある汁が殻の中に残る。飲まないともったいないので、

「よかったら、これで召し上がってください」

と、スプーンをお渡しする。

先日、河岸から帰ってきた二代目が、むきホタテが12個入ったパックを見せた。いつも殻つきを買っているのだが、その日は殻から出したホタテしかなかったそうだ。鮮度がいいので、このまま生でいけるのだが、殻がないとネタケースに並べにくい。

「じゃあ煮ホタテにしよう。すごくおいしいから」

「任せるよ」

と二代目が言った。

煮ホタテの作り方は、かつおだしと醤油と砂糖で鍋に煮汁を作り、そこにホタテを入れ、中火で10分くらい煮る。煮あがった汁を味見すると、コクのある甘い味だ。

「この汁、なんておいしいんだろう……」

ホタテの身から濃厚なだしが出ているから、かつおだしがいらないくらいだ。二代

目も味見して、

「うまいっ」

と言ったので、

「前に作ったことなかったかしら？」

と聞くと、覚えがないというから、夫とふたりでやっていたころに、作ったのかもしれない。

夫の煮ホタテの寿司は、煮あがったホタテを2枚に切って握り、細く切った海苔（バンド）を巻いてなじませる。生のホタテならシャリにピタっとつくが、煮ホタテはシャリから離れやすいからだ。ツメを軽く塗って食べると、ホタテの身がほろりと崩れる。ツメの甘みとホタテのうまみが混ざり、海苔のほのかな香りも加わるから、やさしい味わいの寿司になり女性に人気があった。

二代目の煮ホタテの寿司は、ホタテを縦に切って軍艦巻きにして、ツメをつけてお出しする。夫の握り方と違うが、ホタテの歯ごたえがわかるから、こういうのも面白いなと思った。つまみにするときは小鉢に入れ、煮汁も添えると日本酒によく合う一品になる。

煮ホタテが残ったら、炊き込みごはんだ。煮汁だけでもおいしい炊き込みごはんができそうだが、貝もないとさびしいのでホタテをほぐして入れる。土釜《どがま》で炊くと、ごはんと醤油の混じったいい香りが漂ってくる。ちょっとおこげがほしいので沸騰時間を10秒くらい長くし、炊きあがったら10分くらい蒸らし、ゴマと針ショウガを入れてさくっと混ぜればできあがりだ。

食べると、ごはんにホタテのうまみがしみこみ、ショウガの辛みとゴマの香ばしさが食欲をそそる。土釜に残ったおこげはこんがり香ばしくて、甘じょっぱく、おいしさの集大成という感じだ。

二代目も炊き込みごはんを食べて、

「これうまいねえ」

と目を丸くしていたので、

「お父さんが大好きだったのよ」

と言うと、ちょっと寂しげにうなずいた。

海老の話あれこれ

うちで使う活け車海老は、頭からしっぽまで17〜18センチある。握りにするときは、生がいいか、半生にするか選んでいただくが、半生でという人がほとんどだ。生きたままだと動くから怖いという。

茹でるのはわたしの担当だ、車海老を冷蔵庫から取り出すと、入っていた箱から飛び出して流しの下に隠れたりする。それを押さえて頭を取り、腹の薄い皮と身の間に、竹串を通す。竹串が身のほうに入ると抜きづらくなり、割れてしまうこともあるから要注意だ。

それを沸騰した湯に入れて25秒たったら取り出し、熱いまま殻をむくと鮮やかな朱色の身が出てくる。外側は火が通っているが、内側は生だからミディアムレアだ。

最初のころ、茹であがった海老をよく冷やして渡したら、

「熱々を出したいから冷やさないで」

と二代目に言われた。

茹であがりをすぐに冷水に浸けると、海老が鮮やかな色に仕上がると夫に教わったから、怪訝《けげん》に思ったが、半生の場合は、熱いほうが歯ごたえとうまみが出ておいしいという。

海老は腹に包丁を入れて開き、背ワタをとりしっぽをはずして握る。以前はしっぽがついたままお出しししていたが、女性のお客さんが食べにくそうなので、はずすことにしたそうだ。

握りにすると鮮やかな朱色の下に透き通った身が見え、その下にシャリが見えるきれいな寿司だ。

ときどき二代目から、

「これは5秒長く茹でてください」

と言われることがある。たった5秒?と思うが、海老が大きいと、身を開いたときの生加減が微妙に違うという。煮切り醤油をひと刷毛《はけ》塗って食べると、海老の温かみが煮切り醤油の香りを引き立て、噛むとじわりと甘みが出てくる。そこにぴりりとしたワサビの辛みが入るので、

「おいしい……」

と、お客さんがつぶやく。

海老の頭は殻をむいて塩をふり、かりっと焼くと、海老のみその焦げるいい香りが漂っておいしいつまみになる。

気をつけているのは海老の頭の出し方だ。前はお客さんの皿に海老のしっぽが残っていたので、どこに出すかわかったが、いまはしっぽをはずしてるから、どのお客さんに出すのかわからない。こんがり焼いた海老の頭を食べるのが大好きという人も多いので、間違えると大変だ。前に一度、違うお客さんに出してしまったことがある。お客さんがサービスと思って食べてから、間違いに気づいた。もう一度焼こうと思ったが海老がない。海老のお客さんには、お詫びにアナゴの白焼きをお出ししたことがあった。

そんなミスもあるから、

「すみません、海老を召し上がった方はどちらさま?」

と聞いてから、出すようにしている。

昔は車海老など使ってなくて、冷凍の海老だった。30年くらい前の仕入れノートに、その値段と数量が書いてあった。

正月の出前用の冷凍海老が3箱。数量は450尾で1万7700円。1尾40円くらいだ。ブラックタイガーという海老で、頭ははずしてある。

これを解凍して串打ちをし、茹でて殻をむき開いてワタを取る。年末年始は、工場の流れ作業のように海老の仕込みをした。ノートに1日で150尾茹でたと書いてあった。海老を抜いた竹串は捨てるのはもったいないから、よく洗って乾かしてまた使っていた。当時は、どこの寿司屋さんでもこうしていたのではと思う。

1尾400円の車海老も40円の冷凍海老も串の打ち方は同じだ。ただ生きた海老は元気がいいので、尖った口の先で指を刺されたりするから怖い。刺されると腫れてしまうこともあり、流水で傷を洗いながら、

（昔の冷凍海老は楽だったな……）

と、懐かしく思い出すことがある。

ウニバトル

豊洲の仕入れから帰ってきた二代目が、

「はだてのウニがあったんだけど、高過ぎるから買うのやめた」

と言った。ひさしぶりに聞くブランドウニの名前だから、

「いくらだったの？」

と聞くと4万円だというからびっくりした。はだてのウニというのは、北海道の羽立水産が扱っている最高級のキタムラサキウニだ。このウニは雑味がなく上品なうまみがある。夫はこれが好きで、

「うまいなあ、はだては」

とよく言っていたが、いつも買うわけではなく、値段の折り合いがつくと仕入れていた。

はだてのウニは大きめの箱に入っていて、寿司にすると20貫くらいとれるが、4万円では原価で1貫2000円。それにシャリと技術料を加えたらかなりの値段になる。

もし、売れ残ったら、賄《まかな》いのウニ丼にするしかない。そんなウニは銀座の高級店に任せようと思い、ほかのウニを買ってきたという。

コロナの前までは、ひと箱1万円くらいで買えたのだが、年々高くなるのはウニが獲れないからだという。いま使っているのはバフンウニで、身がプリッとしていて磯の香りが強くシャリによく合う。

20年前の仕入れノートを見たら、浜中《はまなか》のバフンウニ4800円。ややゆるいと感想が書いてあった。ノートに記してある魚の感想を読むと、夫の寿司に対する思いが伝わってくる。

去年の夏はウニの値段が高騰して、

「まいったなあ、ありませんとは言えないし。儲けなしで出すしかないな」

と、二代目がぼやきながら仕入れていた。

「こんなにウニが高くなると、ウニバトルなんて夢みたいね」

「あれは、もうできないね」

ウニバトルというのは、塩水《えんすい》ウニと箱ウニをめぐる夫と二代目の戦いだ。

塩水ウニというのは、ウニを獲ってすぐに海水と同じ濃度の塩水に浸けたもので、塩水が入った箱の中にウニが浮かんでいる。

箱ウニはミョウバンを使っているから日持ちするし、形が崩れないが、塩水ウニはやわらかくて水分が多いのであまり持たない。二代目は修業した店でよく使っていたそうで、

「塩水のほうが甘くてうまいよ」

と言うと、

「おれは、箱ウニのほうが好きだな」

と夫が言い、双方譲らず、2種類仕入れていた。

うちのウニは軍艦巻きにせず、握りの上にウニをのせ、ウニに塩をひとつまみのせてお出しする。醤油を使わないほうが、うまさがよくわかるからだ。

塩水ウニの寿司の握り方は、ちょっと難しい。

まず、ウニを塩水から取り出して水気をとり、シャリの上に溝を作っておき、そこにそっとのせる。やわらかいから崩れやすいので、箱ウニの倍くらい時間がかかる。

お客さんには塩水と箱ウニの説明をして、どちらか選んでいただいていた。塩水ウニは食べたことがないからと、塩水を選ぶ人が多かったが、

「食べ比べてみたいから、両方ください」

というリクエストもあり、ウニが好きな大蔵《おおくら》さんが、

「塩水は磯の香りが強くて甘いです。箱ウニは身がしっかりしていて味が濃いですね」

と的確な感想を言ってくれた。コロナ前までは2種類仕入れていたので、

「最近、塩水ウニは入れないの？」

と聞いたら、

「それが今日すすめられた、はだてのウニなんだよ」

二代目が言った。


それからひと月ほどたったとき、仕入れの荷物の中に、平たいプラスチックの箱の中で、ゆらゆらしている塩水ウニがあった。

「わあ、塩水だ」

と言ったら、

「これは浜中のだよ。高かったけど思い切って買ったんだ。コースに入れようと思っ

て」

二代目は大事そうに冷蔵庫の奥にしまった。その日のおまかせコースの握りの最後のほうで、

「塩水ウニです」

つけ台の皿に塩水ウニがおかれた。

「塩水ウニ？」

お客さんがけげんそうな顔をした。これを食べたことがあるのは、かなり寿司屋に通っているか、北海道出身の人だ。

「やわらかいので、すぐ召し上がってください」

お客さんはウニを口に運び、

「うまいっ。これぞウニって感じですね」

と言うので、二代目が塩水の説明をすると、

「なるほど、ウニにもいろいろあるんですね」

感心したように言った。わたしは厨房で聞いていてうれしくなった。コロナの前に戻ったような気がした。

片づけをしているときに、まな板の横に黄色く染まった布巾があった。これは塩水ウニを握る前に布巾にのせて、水分を取るためのものだ。これを見たら、ウニバトルをしていたときの夫の、楽しげな顔が浮かんできた。

鱚の締め方

夫は鱚《きす》が好きでよく仕入れていた。鱚の旬は夏で、6月から8月がおいしい。鱚がありますと言うと、

「えっ、鱚は天ぷらじゃないの？」

とよく言われたが、寿司ネタとしても使われてきた。海の鮎ともいわれて、淡白で上品な味で、小さい魚だが値段は高い。夫のノートには、20年くらい前で、千葉竹岡《たけおか》の鱚、キロ３５００円と書いてある。いまはその倍だという。

鱚はうろこを落として三枚におろし、刺身や寿司にする。食べ方は、昆布締め、酢締め、湯引きにすることもある。夫は昆布締めをよくやっていて、昆布で数時間包んで、昆布のコクと塩味が程よくしみたのをおつまみにすすめていた。これには醤油はつけず、おろしたてのワサビをのせて食べる。

生のままだと、

「湯引きにしますか？　酢締めにしますか？」

と聞き、湯引きという注文だと厨房に回ってくる。湯引きをするときは、鱚の皮に切れ目を入れ、皿に並べて皮にだけ熱湯をかける。切れ目を入れてあるから皮は縮まない。それを氷水に浸けて、全体をきゅっと締める。こうすると、鱚の皮が銀白色になり、身がプリッとしていかにもおいしそうだ。これをつまみにするときは煮切り醤油を塗ってスダチを絞り、ワサビも添えてお出しする。酢締めのときは、皮を湯引きせずに酢に浸けていた。

二代目は夫と少し違う作り方だ。三枚におろすところまでは同じだが、お客さんにお出しするときは、必ず皮を湯引きする。酢締めのときも鱚の皮は固いから、湯引きして、皮をやわらかくしてから酢に浸けたほうが食べやすいという。鱚の昆布締めは作らないので、

「なんで作らないの？　お父さんはよく作ってたけど」

と聞くと、

「小さい魚だし、皮が硬いから昆布締めには向かないと思うんだ」

と言う。

鱚は地味な寿司ネタだがファンは多い。鱚が入ったら、

「湯引きと酢締めと両方ください」

と言う人もいる。特に皮を湯引きするようになってから、

「鱚はおいしいですねえ」

と言う人が増えた。皮と身の間にある、ほのかな脂と歯ごたえがたまらないという。

常連の野上さんは、来店するとかならず、

「大将、今日は鱚は入ってる？」

と聞き、あると、それはうれしそうな顔になる。

二代目は鱚の仕込みをするとき、小骨を丁寧に取る。小骨が1本でも残ったら味が半減するという。それからざるに並べて塩をふり、10分おいて水洗いする。

鱚が入る時期は、シンコもあるので仕込みが忙しい。タイマーが次々に鳴る。

「ええとこれは鱚、こっちがシンコ……」

厨房とつけ台を行ったり来たりしながら仕込みをしている。去年の夏は、コロナで仕込みもあまりなかったから、魚がたくさんあるのはうれしいらしい。

鱚とシンコとコハダがざるに並ぶと、厨房が手狭になる。邪魔にならないように、テーブル席でおしぼりを巻いていると、二代目が来て言った。

「お父さんがいたら聞いてみたかったな。酢締めの鱚の皮も、湯引きしたほうがいいんじゃないかな？って。そしたら、なんて言ったかなあ」

「お前がいいと思うやり方でいいよって、言ったと思うわ」

と答えると、

「そうだね。お父さんは、あまり細かいこと言わなかったから……」

ちょっと寂しそうにつぶやいた。そんな質問をするのははじめてだから驚いた。

その日、厨房に、

「湯引きお願いします」

と鱚ののった皿が回ってきた。8枚もあるから、ずいぶん多いなと思ったら湯引きと酢締めの寿司を、両方食べたいというお客さんがいたのだ。湯引きして氷水で締めてから鱚の腹を触ると、小骨がまったく当たらなかった。

丁寧な仕事だと思った。

白身の魚の移り変わり

二代目が珍しい白身を仕入れてきた。三重県で獲れたメイチダイというもので、関東ではあまりなじみがない魚だが、西のほうでは高級魚だという。鯛というけれど鯛科ではなくフエフキダイ科の魚だ。

「これうまいですよ」

と魚河岸で勧められたそうだ。おろして味見したら、脂に甘みがあり身はしっとりやわらかいから、

「これは握りに向いてるな」

と言い、さっそくその日のコースの寿司に入れた。塩とスダチをのせたメイチダイの寿司は好評で、

「甘くておいしいです」

と、お客さんが言ってくれた。甘みのある味なので塩とスダチと相性がいいようだ。

わたしもあとで握ってもらったら、白身なのにとろける食感で、あまり歯ごたえは

ない。

「おいしいけど、お父さんの好みじゃないかもしれないね」

と言うと、

「そうだね」

二代目がうなずいた。

夫は白身の魚が好きでいつも数種類仕入れていた。春先の鯛、夏になると常磐《じょうばん》沖のスズキ。身が透き通って淡白だが独特のうまみがある。真夏はコチ。照りゴチという言葉があり、真夏が旬だ。マゴチは頭が大きくて、使える部分が少ないので歩留《ぶど》まりが悪い。儲からないとわかっていても、

「おれの道楽だ」

と仕入れてきて、頭やアラはみそ汁にして、

「うまいなあ……」

と食べていた。夏は白身がおいしくて、中でもホシガレイはナンバーワンだ。ホシガレイというと干したカレイと思われがちだが、白身の最高級魚だ。ひれや腹に星のような斑点《はんてん》があり、そこからそう呼ばれるようになったそうだ。噛むと歯ごたえがあ

り、うまみがジワリとしみ出すが癖がない。これを食べると、白身っておいしいなと思う。

　夫の20年前の仕入れノートには、常磐沖ホシガレイ、キロ１万２０００円と書いてある。１キロ買ったのではなくもっと小さいのを買ったらしく６８００円と記してある。三浦半島の松輪《まつわ》で獲れたスズキは３５００円だから、やはりホシガレイは高い。真子ガレイも仕入れていて常磐沖５５００円と書いてある。

　秋になるとシマアジ、カンパチなどが出てくる。シマアジは二代目もよく仕入れてくる魚だ。大きくて身が厚く、体に縞模様が入っている。脂があるが歯ごたえがあり、かむと脂とうまみがじわっと出てくる。

　冬はヒラメで寒ビラメという言葉があるように、真冬のヒラメは歯ごたえと甘みがあって、やさしく品のある味だ。

　せんだって二代目が珍しくオコゼを仕入れてきた。オコゼは頭が大きくて身が少ないから歩留まりの悪い魚だ。

「オコゼなんて珍しいわね」

　と言うと、

「安くするから持ってってって言われた。付き合いで買ったんだ」

夫もよく、

「買いたくないけど、おっつけられた」

と言ってたから河岸での付き合いがあるのだろう。その代わりこちらも、ほしい魚が入荷したら、とっておいてと頼むこともある。

オコゼはときどき夫が買ってきたが、最近はぜんぜん見なかったから、ネタケースに入っているのを見たら懐かしかった。オコゼの身は薄造りにしてポン酢で、昔からの常連さんにお出ししたら、

「うまいなあ……」

と喜んでくれた。

昔は魚は1匹丸ごと買うものだったが、いまは半身とか4分1で買えるようになった。魚は高いけれど小ロットで買えるから、まあいいかなと二代目が言っている。

トロ巻きはかっぱじきか、切ったトロか？

かっぱじきというのはマグロの皮や筋についている脂の部分を、包丁の先でそぎおとしてペースト状にしたものだ。マグロの中落ちと、かっぱじきを混同している人もいるが、中落ちはマグロの骨についている赤身のことをいう。この海苔巻きも、さっぱりしておいしい。

わたしが嫁いできたころのトロ巻きは、かっぱじきが主だった。はじめて食べたとき、べたっとしたペースト状だから、傷んでいるのか心配になって夫に言うと、

「お前、トロ巻きも知らないのか？」

とあきれられた。ＯＬ時代は寿司屋に入ったことなどないので、そんなおしゃれなものは知らなかったのだ。といっても、夫が修業していた時代は、トロ巻きというと、トロをザクっと切って巻いていたそうで、マグロのしっぽの部分は若い衆の賄いにしてたという。

そのうちマグロが高価になり、皮や筋についているトロを廃棄するのはもったいな

いということで、活用してみたら、

「すごくおいしいっ」

と水商売のお姉さんたちに人気が出て、だんだん定着するようになったという。

夫は暇をみては、包丁の先で皮や筋からかっぱじきを作り、冷蔵庫に入れていた。しかしこれは色が変わりやすくて、1日おくとピンクからベージュに変わってくる。色が変わると、トロ丼になってわたしたちの賄いにするが、わたしは脂の多いところは苦手なので、もっぱら夫が食べていた。トロに長ネギの刻んだのをちらし、ワサビ醤油をかけてザクザクっと食べる。ちなみにちらし寿司もそういう食べ方で、これは寿司屋の賄いで、早く食べ終わるためだ。修業中、食べるのが早いと親方にほめられたと、夫も二代目も同じことを言う。

かっぱじきがたくさんあるときに、出前で特上寿司の注文がくると、

「やった！」

と喜んで、盛り込みに入れていた。すると、次の注文のときに、

「トロ巻きを別に2人前ください」

と言ってもらえることもあった。20数年前の出前の代金はトロ巻き1人前が200

0円、特上寿司は2500円だった。

二代目のトロ巻きは大トロの柵をザクっと切って巻いたもので、霜降りのトロがたっぷり入っている。これはかっぱじきが流行る前のトロ巻きだ。

なんでかっぱじきを作らないのか聞いたら、

「べたっとしてるからあまり好きじゃないんだ。このほうがきれいでしょ」

と言う。たしかにこのほうがトロの存在感がある。それにかっぱじきを巻くと、海苔の合わせ目から脂がしみ出し、切腹してしまうことがあって、硬いトロのほうが巻きやすい。そんなわけで、近頃かっぱじきと離れてしまったが、ときどき作ることもある。というのも、常連さんから、

「ひさしぶりに五色納豆が食べたいな」

と言われると、二代目は厨房に来て、

「五色納豆ってなにが入るんだっけ？」

と聞く。

「イクラ、ウニ、イカ、トロ、沢庵《たくあん》、玉子、ネギ……」

と言い、最後に、

「トロはかっぱじきよ」

と付け加える。すると、

「あ、作らなくちゃいけないいな」

トロを取り出して出刃包丁の先を動かすと、大トロがピンク色のかっぱじきになる。見ていると、なんだかもったいない感じだ。

「おまちどおさまです」

小鉢と海苔をつけ台におくと、「おおっ」と声が上がる。

五色納豆をよく混ぜて、海苔で包んで食べると、

「先代の大将を思い出すなあ……」

「よくこれを作ってくれたね」

昔からの常連さんは懐かしそうにつぶやく。

かっぱじきが残ると二代目が厨房に持ってくるから、晩酌のトロたく巻きにする。

こってりしたトロが沢庵の甘さと混ざって、硬いトロでは味わえない、レトロな味の巻物だ。

イカゲソの話

常連の加藤さんが、

「なんだか急にゲソの寿司が食べたくなったな。ゲソがあったら、茹でて甘いたれをつけて握ってください」

と言ったので、ゲソを茹でて二代目に渡すと、二代目は寿司にしやすいように形を整えた。ゲソは茹でると丸まるので、寿司にするまでにけっこう手間がかかるのだ。

ゲソをシャリから離れないように握り、細く切った海苔で押さえてツメを塗ると、つややかな寿司ができた。

加藤さんはそれを食べて、

「若いころはお金がなかったから、寿司屋にいってもゲソばかり食べてた。だけど、こんなにやわらかくて甘い味じゃなかったな」

「加藤さんにもそんな時代があったんですか？」

二代目が言うと、

「そりゃあ、ありますよ。缶ビール1本しか買えなくて、女房と半分ずつ飲んだこともあるし……」

遠い目をして答えた。外資系の会社を勇退して、ゴルフ三昧の優雅な生活をしている加藤さんにも、苦労時代があったと聞いたら親近感がわいた。

そういえば昔、近所のアパートに住む大学生がちらし寿司を食べにくると、シャリを大盛りにして、定番ネタのほかに、ゲソにツメをつけたのをのせてサービスしていた。当時のゲソは冷凍の紋甲《もんごう》イカだったけれど、

「うまいなあ、月に一度のぜいたくです」

と喜んでくれた。加藤さんは当時の学生さんと同世代だ。

その日のイカは白イカで身が厚くて甘みがあり、ゲソもしっかりしている。ゲソがあってよかったと思った。というのも最近あまりイカのゲソが出ないので、わたしの朝ごはんにしてしまうことがあるのだ。

白イカとかヤリイカのゲソと耳を細かく切って鉢に盛り、その上に玉子の黄身をのせたゲソの黄身和えをごはんにのせて食べると、なんておいしいんだろうと思う。残ったイカの切れ端とゲソと耳をフライにすることもある。イカゲソのフライは、かり

っとして香ばしく、残り物とは思えないおいしさだ。

わたしはイカの仕込みの担当なので、魚河岸から届いたイカを見て、季節を感じる。ヤリイカが入ると春だし、アオリイカの、青くてぎょろっとした目を見ると夏だなと思う。

アオリイカはイカの中でも最高級で、身が厚くてねっとりしていてちょっと癖のある味だ。ゲソは大きいので握りにするよりも、つまみのほうがいいような気がする。

アオリイカといえば、昔、こんなことがあった。のれんを出してすぐ、恰幅のいい紳士が来店した。これはいいお客さんが来たとわくわくしていると、ビールを注文したあと、ネタケースを見回して、

「白身の魚はなにがあるの？」

「白身は、鯛とカレイとスズキにホウボウです」

白身の魚に力を入れている夫が、気合満々でこたえた。

「ほお、お宅は白身の種類が多いねえ。貝は？」

「アワビ、赤貝、生のトリ貝……」

「生のトリ貝があるとは珍しいね」

そのころ、生のトリ貝はまだそんなに流通していなかった。それを知っているとはかなりの寿司通らしい。

「今日のイカは？」

「アオリイカになります」

ひと通り聞くと、紳士はガリをつまみながらビールを飲み、

「アオリイカの……」

「はいっ、イカですね」

夫が包丁を持つと、

「ゲソでいいわ」

夫が微妙な顔でつまを並べ、伊豆天城産のワサビをすりおろしてゲソといっしょに出した。

アオリイカのゲソはイカとは思えないくらい太くて、小さめのタコみたいだ。紳士はゲソをおいしそうに食べ、ワカメや大根のかつらむきのツマにワサビをつけて食べると、注文を待つ夫を尻目にビールを飲みほし、

「おいしかった、ごちそうさま」

と立ち上がった。お勘定は１０００円。そのころ上寿司が１２００円、並寿司が９００円だったからビールと寿司１人前よりも安い。ゲソとビールだけで帰ったお客は、今も昔もこの人だけだ。

アオリイカを見ると、あのときの夫の、なんともいえない顔を思い出す。

新イカが出てくると秋が近いなと思う。新イカというのはスミイカの子どもで、体長5センチから7センチくらいの小さなイカだ。面倒だから若い職人はやりたがらないと夫が言っていたが、確かに手間がかかり、イカ担当泣かせのネタだ。

仕入れたイカは20〜30杯ありこれを開いて皮をむき、ワタをとって塩をふり水洗いする。ゲソも開いてワタを取り塩をふって洗う。これは夫から習った方法だ。二代目はイカを塩でもむと塩味がどうしても残るから、塩は使わないでと言うから、

「わかりました」

と、ゲソだけ塩もみして、イカは水洗いするようになった。新イカだけでなく、ヤリイカやシロイカも洗うときに塩は使わない。職人によって仕込みのやり方も違い、これといった決まりはないらしい。わたしは言われた通りにやるだけだ。

新イカは小さくて身も薄いので、手荒く扱うと切れてしまう。切れ目の入った新イカなどお客さんに出せない。それに初物《はつもの》は値段が高いので、失敗したらえらいことだ。

「こんなもの使えるかっ」

と夫に叱られたこともある。こういう小さいものは1年に二、三度しか入荷しなくて、慣れたかなと思うと来年までお別れだ。若い職人さんが敬遠するのも無理ないと思う。だから、余計に季節を感じて、

「今年も新イカに会えてよかった」

と思うのかもしれない。

仕込みがむずかしい新イカも、50年近くやっていると失敗することもなくなった。きれいに皮をむいてざるにおくと、茹で卵が並んでいるように見える。ゲソも小さくてやわらかいからシャリとよく合う。新イカのゲソにツメを塗った握りは本当においしいが、すぐに大きくなるので、小さなゲソに巡り合えたお客さんは運がいい。

新イカが成長するとスミイカになる。スミイカのゲソは、茹でて握りにすると歯ごたえがあっておいしいが、生だと硬いからゲソの黄身和えには向かない。冬の間はイカゲソの黄身和えがなくなり、朝ごはんがちょっと寂しくなる。

トロづけ炙りの進化

トロづけ炙りを作るようになったのは、20年くらい前からだ。これは、煮切り醤油に漬けた大トロを、バーナーで炙って握り、芽ネギをのせて細く切った海苔で押さえ、その上におろしたてのワサビをおく手の込んだ寿司だ。

最初の頃は、大トロを煮切り醤油に10分くらい漬けてから、焼き網にのせて直火で炙っていた。これは難しくて、焼き過ぎて焦がしたりした。一度お客さんから、

「このトロづけ炙り、焼き過ぎだと思うんだけど」

と言われて、作り直したことがある。そのあとで夫が、

「やっぱり、直火じゃだめだな。バーナーにするか」

といった。それまでは、

「バーナーじゃ、トロの味を損なう」

と使わなかったのだ。わたしは、

「そのほうがいいかも」

ほっとしてこたえた。高価なトロを炙って失敗したら、泣くに泣けないし、30分待っていたお客さんに申し訳ない。だから、注文がくるたび、緊張しながら焼いていたのだ。いま考えると、なんでアルミホイルにのせて焼かなかったのかふしぎだ。もしかしたら夫に、

「ホイルじゃだめだ。直火がいい」

と言われたのかもしれない。それからはバーナーを使って炙るようになり、わたしの手を離れた。

煮切り醤油に漬ける時間もだんだん伸びて、30分になった。ピンク色の大トロが煮切り醤油に漬かって茶色っぽくなり、バーナーで炙ると、肉と魚の中間のような濃い香りが漂う。

まな板に焼き皿をおいて炙るのだが、あるとき、小学生の男の子がこれを見て、

「ファイヤー!」

と叫んだので、みんなが笑い出して和やかな雰囲気になった。お客さんの面前で炙るというパフォーマンスも大事だなと思った。

トロづけの上におろしたてのワサビをのせるようになったのも、だいぶたってからで、以前はネタとシャリの間に入れていたが、これだとおろしたてのワサビが目立たない。せっかく高級なワサビを使っているのだからと、上にのせるようになった。それからさらに芽ネギをのせるようになり、いまの形になったから、うちでいちばん進化した寿司だ。

面白いことに、お客さんの中には自分の好みの漬け時間の人もいて、

「ぼくのは27分で」

と指定。連れの人は30分でいいというので、タイマーをふたつかけたりした。最近はそういう細かいことを言う人がいなくなった。

いまのトロづけ炙りは、コースのメニューの最後にお出ししている。バーナーで大トロを炙ると濃い香りが流れてくるから、わたしは締めのお椀の準備をはじめる。

名物も新顔も、おつまみ各種あります

誕生日に春あん肝の煮つけ

あん肝は冬の風物詩のようなもので、夫がいた頃は12月になるとよく登場した。あん肝はお客さんにお出しするまでに手間がかかる。

「だから、お金をいただけるんだ」

と夫がよく言っていた。

冬あん肝の仕込みの手順は、まずあん肝の血管と薄皮を取り除く。それからボウルに酒と塩を入れてよく混ぜ、あん肝を25分浸けて生臭さをとる。タイマーが鳴ったら取り出して、ペーパータオルで水気を拭き取る。下準備ができたら、アルミホイルにあん肝をのせ、ソーセージのように丸めて両端をきゅっと絞め、火が通りやすいように竹串でところどころに穴をあけておく。それから温めておいた蒸し器に入れ、30分くらい蒸す。蒸しあがったら冷ましておき、食べやすい大きさに切ってポン酢ともみじおろしで食べていただく。昼間のうちに蒸しておき、夕方まで冷ましておくようにしていた。

あん肝は丁寧に下ごしらえすれば臭みがなくなる。ねっとりした舌触りでフォアグラのような味わいだが、ポン酢だからしつこくない。冬になると、

「そろそろあん肝が出ます？」

などとお客さんに聞かれ、軍艦巻きにして握ることもあった。あん肝を薄めに切り、海苔を巻いたシャリにのせて、刷毛でポン酢を塗り、紅葉おろしと芽ネギをのせる。海苔の黒にあん肝のオレンジ、芽ネギの緑が映える美しい寿司だ。食べると口の中でとろけ、ポン酢の酸味が脂をさらりと流す。

二代目になってからは作らなくなったので、理由を聞いたら、

「たいていの居酒屋さんや和食屋さんにあるからね」

と言ったが、3年くらい前の桜の時期に、あん肝を仕入れてきた。春あん肝で、北海道の余市のものだという。あん肝というと茨城と思いがちだが、北海道でもいいものがとれるそうだ。ホイルで巻いて蒸すのかと思ったら、煮るというから驚いた。煮あん肝なんて聞いたことがないが、豊洲市場で作り方を教わってきたので煮てほしいという。

見るとオレンジ色の生きのいいあん肝で、冬場の半値で仕入れてきたそうだ。下ご

しらえはポン酢で食べるのと同じで、塩と酒できれいにあん肝を洗う。それからが違う。生臭みをとったら、沸騰した湯の中に入れて湯通しする。これをしないと煮崩れしてしまうという。ホイルで巻く手間がなくて楽だと思ったら、とんでもなかった。さらに煮汁も作らなくてはならない。

煮汁はかつお節でだしをとり、砂糖、醤油にショウガをひとかけら入れる。味つけは任せるというので、濃口しょうゆで、砂糖はやや多めにした。煮汁の中に湯通ししたあん肝を入れ、落とし蓋をして中火で25分煮る。煮あがり加減を確認するために、竹串でいちばん太いところを刺してみると、しっかり固まっている。さっきまでぶよぶよしてたあん肝が、大理石のような塊に変身した。はしっこをとって味見した二代目は、

「うわっ、うまいっ」

びっくりしたように言った。豊洲市場で、

「うまいから買ってよ」

と勧められ作り方まで習ってきたものの、さほど期待してなかったらしい。わたしも味見してみると、口の中にねっとり濃い味が広がり、煮汁の甘みが加わって芳醇《ほうじゅん》な

味わいだ。ポン酢だと、あん肝の味がポン酢に負けてしまうこともあるが、これはあん肝のうまみがはっきりしていて、しかもくどくない。ほのかなショウガの香りが食欲を増す。

「これいいわねえ」

わたしが言うと、

「この煮汁の味もちょうどいいよ」

と二代目が言った。安く買えたといってもこのあん肝1個（500グラムほど）で5000円だという。冬場はこの倍するそうだ。煮あん肝の味つけを失敗したらえらいことだ。

これを夕方まで煮汁に漬けておく。お客さんにお出しするときは、あん肝を2～3切れ切って小鉢に入れ、温めた煮汁と万能ネギをのせる。夕方、サンプルを作ってみると、大理石のような切り口にネギの緑が映えて、美しい小鉢ができた。

さっそくお客さんに、

「春あん肝の煮つけです」

とお出しすると、

「はじめて食べたけどおいしいですね」

と言ってくれた。あん肝もおいしいけれど、煮汁の味がすごくいいという人もいて、

「白いごはんにかけたいくらい」

と言う。確かに煮魚の汁を熱々のごはんにかけて食べると、あまりお行儀はよくないけれど、これぞ日本のごはんという感じがする。

春の終わりのころに、常連のMさんが予約をしてくれた。いつもは家族でみえるのだが、その日は友人とふたりだという。電話の最後に、

「翌日が女房の誕生日なので、煮あん肝を持ち帰りできますか?」

とたずねた。この前、家族でみえたとき、煮あん肝を食べてすごくおいしかったから、もしあったら、誕生日プレゼントに買ってきてと頼まれたそうだ。

「いいあん肝があれば仕入れておきますので」

と二代目は言ったが、魚河岸に行ってみないとわからない。予約の日の朝、魚河岸から帰ってきて、

「この時期にしては、いいのがあった」

と言ったので、はりきって煮汁を作った。脂がのっているので、ショウガは多めに

して、やや濃いめの味つけにした。夜、Mさんがみえたので、

「あん肝ありましたよ」

と、小鉢に入れてお出しすると、ひと口食べて、

「うまいっ」

と言ってくれた。帰りにMさんに、あん肝を入れたパックをお渡しすると、

「女房が喜びます」

Mさんは笑顔で帰った。

あん肝の誕生日プレゼントなんてはじめてだが、作る方としてはうれしい。煮汁はごはんにかけて食べてくれるかな、と考えたら顔がほころんだ。

◇寿司屋の揚げ物

秋が深くなるとシシャモが出てくる。北海道の鵡川《むかわ》でとれたシシャモを見ると、もうじき冬だなと思う。シシャモというと串に刺した樺太《からふと》シシャモ（カペリン）を思い浮かべる人が多いが、うちで使うのは体長12～13センチの、銀白色に光る美しい本シシャモだ。

シシャモのから揚げの作り方は、いたってシンプルだ。油がはねないように、水気をペーパータオルでよく拭き取り片栗粉をまぶす。むらがないようにまぶすには片栗粉をビニール袋に入れ、その中にシシャモを投入して、袋の口をしっかり押さえてしゃかしゃかっとふる。そうすると粉がまんべんなくつく。

揚げ方は、最初は低温でじっくり火を通し、お客さんに出すときに、高温でもう一度揚げる。からりと揚がったら軽く塩をふり、レモンを添えてお出しすると、

「これはなんですか？」

「シシャモです」

「えっ、こんなに大きいのは、はじめて見たっ」

と驚く人も多い。シシャモは身がふんわりしていて骨はやわらかく、頭からしっぽまで残さず食べられる。それにたんぱく質が豊富で栄養価が高いからお客さんの中には、晩秋になると、

「シシャモは入ってます？」

と聞く人もいる。

シシャモは予約の人数分を下揚げしておき、お客さんがみえたときに高温でさっと揚げるだけにしておけばお待たせしないで済む。添えるレモンも人数分、切っておく。

シシャモがある時期は、秋から冬でそのあとは禁漁になる。そうなると今度はメヒカリの出番だ。うちに入ってくるのは常磐沖のものが多い。夫は、

「メヒカリなんてうまくねえよ」

と言って使ったことはなかった。

大きな緑色の目で皮は黒く、あまり見た目のいい魚ではない。昔は雑魚《ざこ》といわれていたそうだが、近頃は人気が出てきたようで、たまにスーパーや魚屋さんでも見かけるようになった。

メヒカリを使うようになったのは3年くらい前からだ。から揚げにするとおいしいと魚河岸で勧められたといい、体長15センチくらいの、選り抜きのものを仕入れてきた。そこでシシャモと同じように揚げてみると、身がふっくらして脂があり味がいいが、うろこがざらりとしていて目玉が口に残る。

これはちゃんと下ごしらえして揚げなくてはと、うろこを落とし目玉を取りのぞいて揚げた。じっくり二度揚げすると、頭の骨はカリカリになり、中骨は当たらず、しっぽまで全部食べられた。頭の部分は、上質のおかきのように香ばしい。

味見した二代目は、

「豊洲で勧められて付き合いで買ったけど、うまいね。いままでメヒカリなんて、雑魚と思って食べなかったけど」

「すごくおいしい」

わたしもうなずいた。それからはシシャモのないときは、メヒカリのから揚げをメニューに入れている。

今年の夏は、メヒカリだけでなく稚鮎《ちあゆ》のから揚げを作った。親指くらいの大きさの稚鮎を二度揚げすると、骨までカリッとするが、アユのワタの苦みはちゃんと残っていて、夏らしい揚げ物だ。

「おいしいですね」

とお客さんが言ってくれたので、揚げもの担当としてはうれしい。でも頭のついた魚が苦手な人もいるので、コースの注文のときにお聞きするようにしている。

魚のから揚げとひと口にいっても、揚げ方は異なる。メヒカリは骨も身もしっかりしているから揚げても形が崩れない。シシャモは皮が薄くて骨も細いから、そっと油に入れて、シシャモ同士がくっつかないようにする。そうしないと皮がはがれたり、腹が割れてしまう。高価なシシャモだから、丁寧に二度揚げする。アユの場合は小さいので、揚げ過ぎないように火加減を見ながらだ。毎日、揚げ油を変えるので消費が多い。油はネットスーパーに注文して届けてもらうが、

「寿司屋なのによく油を買うなあ」

と配達の人は思っているかもしれない。

せんだって常連の檀さんが、ちょっと口ごもりながら、

「あのう、冬になったら食べたいものがあるんですけど……」

と言った。檀さんは30代半ばで、ゲームソフトの制作会社を経営している。すらりと背が高く、やさしい目をしたイケメン社長だ。

「えっ、なんですか?」

二代目が聞くと、

「このお店の白子を、天ぷらで食べてみたいんです」

と言う。

うちの白子のつまみは白子の表面に塩をふり、そこにバーナーを当てて、表面はかりっと中はトロリとさせ、レモンを添えてお出しする。口に入れると奥深い味が広がり、冬の人気のつまみだ。檀さんはそれを食べて、天ぷらもおいしいだろうなと思ったけど、なかなか言い出せずに冬が過ぎてしまったという。

「白子の天ぷらですか?」

二代目はとまどった顔になったけれど、

「いいですよ。白子が入ったら作りましょう。おいしいですよ」

わたしが言うと、

「よかった。冬の楽しみができました」

檀さんは連れの人と顔を見合わせて、うれしそうに言った。帰ってから二代目が、

「白子の天ぷらなんて揚げたことあるの？」

心配そうに聞いたので、

「昔、作ったことがあるのよ」

「そうなんだ。いろんなことやってたんだね」

「お父さんが好きだったし」

「えっ、晩酌のつまみ？」

「たまにお客さんにも出したけど、晩酌が多かったかな」

「仕事終わってから、手のかかることやってたんだねえ」

二代目はあきれた顔になった。

夫と晩酌するときは、いろんなつまみを作った。天ぷらも作ったが、いま考えると夜中の12時過ぎに天ぷらを揚げるなんて、よくやったなと思う。通りがかった人が、シャッターの下りた寿司屋の路地から揚げ物のにおいが流れてきたら、ふしぎに思っただろうし、おなかが空いてたら、早く帰って何か食べようと急ぎ足になったかもしれない。

白子の天ぷらは下準備が大事だ。まず白子の筋を取ってひと口大に切り、塩水で洗ってぬめりを取る。それから熱湯をかけて湯引きする。これをしないと、揚げたときに白子が割れてしまう。うっかり湯引きをせずに揚げたら、油が飛び散ってえらい目にあったことがある。

湯引きしたら水気をよく取り、軽く粉をふって、天ぷら粉にくぐらせて1～2分揚げればできあがりだ。黄金色に揚がった白子はレモンと塩で食べるのがベストだが、かつおだしをきかせた天つゆで食べてもおいしい。夫はレモン塩、わたしは天つゆが好きだから、両方準備しておいた。

檀さんのリクエストで懐かしい味を思い出した。冬になったら、衣はさくっとして中はクリーミーな白子の天ぷらを作ってみよう。冬がくるのが楽しみになった。

◇イワシは人気おつまみ

月見イワシを作るようになったのは開店してから10年くらいたったころだ。このアイデアをくれたのは、店の向かいの三越マンションに住んでいたお客さんで、

「この前行った割烹で、イワシのユッケ風のつまみを食べたんだけど……」

と、なにげなく話してくれた。夫は最初、イワシなんて……という顔で聞いていたが、お客さんが帰ってから、

「あの食べ方はいけるかもしれない」

と言った。当時、イワシはほとんど使ってなくて、アジが入荷しないとき、代わりに使うのがせいぜいだった。昔の寿司の本にはイワシもサンマも載っていない。ひかりものはアジ、サバ、コハダくらいだから、流通がよくなって定番のネタになったのだろう。


翌日、さっそくイワシを仕入れてきた。作り方はイワシを三枚におろし、皮を取る。

それからそぎ切りにして丸皿に放射状に並べ、中央に卵の黄身をおき、黄身の上にショウガとニンニク少々をのせる。イワシには万能ネギを刻んだのをちらす。

こんな感じかなと言いながらやってみると、きれいな一皿ができた。銀色に光るイワシの背と赤い身。そこに玉子の黄身が映えて、緑色のネギが鮮やかだ。醤油をかけて黄身と和えて食べると、イワシのにおいが消え、ショウガとニンニクが食欲を刺激する。まろやかでおいしいから、イワシというより別の食べ物みたいだ。

「いいわねえ」

と言うと、

「うん、まだ研究の余地はありそうだけど、うまいのは確かだ」

「イワシのユッケじゃ焼き肉屋さんみたいだから、月見イワシって名前にしない？」

「それはいいな」

そんな会話をして、うちの名物の月見イワシが誕生した。

最初のころは大きめの皿にイワシ１匹分で作っていたが、グループだと、１〜２切れ残ったままになり、黄身が乾いてしまうのが気になった。

そうこうしているうちに二代目が入店して、細かい仕事ができるようになり、１人分ずつ皿に盛りつけるようにした。こうすれば見た目もきれいで、遠慮の塊の1切れが残ることもない。コロナが流行り出してからは個別にしたほうが安心なので、このやり方にしてよかったと話している。

イワシのさばき方も以前とは変わった。夫はイワシを三枚におろし、大きめの骨だけ取って出していたので、小骨が少し残っていた。二代目はイワシをぴーっと手開きにする。こうすると小骨もいっしょに取れる。それから残った小骨を骨抜きで取り、骨がないようにしてからそぎ切りにする。小骨が当たると味が半減するというのが二代目の持論だ。

ネギはイワシの横にたっぷり添え、卵は新鮮な奥久慈《おくくじ》のものを使う。ぷっくりした黄身の上にショウガとニンニクをのせると彩が鮮やかなので、ほとんどの人がスマホで写真を撮ってから箸をつける。

イワシは梅雨時に脂がのっておいしくなるが、夫も二代目も、冬場のさっぱりしたイワシが好きだという。つまり通年おいしい魚ということだ。うちで仕入れているのは大阪の岸和田産で、皮目が銀色に光りよく太っていて目がすんでいる。

お客さんに月見イワシをお出しするときに、

「ユッケのように、玉子と混ぜて召し上がってください」

と言うと、若いお客さんの中には、

「え？」

とけげんそうに聞き返す人がいる。どうしてかなと思ったら、生肉のユッケを出している焼き肉屋さんが減って、ユッケを知らない人が多いのだ。だから最近は、

「黄身とよく和えて、召し上がってください」

とシンプルに言うようにした。

せんだって、常連のお客さんに月見イワシをお出ししたら、食べ終わってから、

「ワカメを少しください」

と言う。なんでかなと思ったら、皿に残った玉子の黄身をワカメに絡めて食べ、

「ショウガとニンニクとネギが黄身に混ざって、すごくおいしいから、残すのがもったいない。かといって、皿をなめるわけにはいかないし」

と言う。こんな風に食べていただくとうれしいもので、皿は洗ったようにきれいになっていた。

逆に生卵が苦手な人もいる。そういうときはイワシの昔風たたきをお出しすること

もある。これは、細かく切った長ネギとおろしショウガ、オオバをたたいてよく混ぜ薬味を作る。この薬味をひと口大に切ったイワシにのせて、レモンを絞りかけたものだ。醤油を少しつけて食べると、イワシの癖が消えてさっぱりしたつまみになる。塩で食べてもおいしい。

この夏はめずらしくイワシが入らない日があった。

「今日は月見イワシなしだから」

と言うので、

「じゃあ、サンマが入ったの？」

「いや、イワシを見たら弱いんだ。あれじゃ月見にならない。サンマはまだ入らないし」

弱いというのは身がゆるくて張りがないということだ。そんなイワシでは生で食べてもおいしくない。イワシのないときはサンマで作ることもあり、初秋の月見サンマはおしゃれなつまみだ。その日は月見イワシの代わりに月見アジになった。これもさっぱりしていておいしいし、見た感じがすごくきれいだ。

「月見アジもいいですね」

とお客さんが喜んでくれたので、二代目はほっとした顔になった。

イワシなんて……と昔は言っていたが、いまは人気ナンバーワンで、月見のバリエーションも増えている。あのときのお客さんのなにげないひと言が、ずっと生き続けている。

◇ナメロウ各種あります

ナメロウというと、アジかイワシが主だった。アジやイワシを三枚におろして小骨を取り、ネギとショウガに味噌を混ぜてたたく。ねっとりペースト状になるまでたたいてお出しするものだった。ナメロウはもともと千葉の漁師料理で、皿をなめるくらいうまいというのが語源という説もある。船の上で食べるときに、醤油を使わずに食べられるように味噌を混ぜ込んだという。

わたしも子どものころ千葉の九十九里海岸近くの親戚の家に行くと、アジやイワシのナメロウを食べた。朝とれたばかりの新鮮なものだから、おいしくてごはんが進んだ。

夫が作ったナメロウは、

「大将の木の葉ナメロウ」

という伝説になっている。アジをおろしてネギと混ぜ、ねっとりするまでたたき、

木の葉の形にしてお出ししたのだが、それがファミレスのハンバーグくらいの大きさだった。夫が皿に盛りつけているのを見て、

「大きいから、ふたりでひと皿でいいんじゃない」

と言うと、

「堀ちゃんたちだからいいんだ」

と言い、常連の堀内さんと佐藤さんにそれをひと皿ずつ出した。ふたりは顔を見合わせて、

「でかいな……」

「すごい」

微妙な顔で言った。夫はどうだと言わんばかりの笑みだ。ふたりはなんとかそれを食べたが、ほかのつまみが食べられなくなった。

「大将、ぼくたちのことを、若いままだと思ってたんですよね」

「そうねえ、20代から来てるものね」

わたしが言うと、

「味がどうだったかは記憶にないし」

「とにかく、これを片づけなくちゃと思ったんですよ」
もう50代半ばになったふたりは懐かしそうに話す。木の葉ナメロウというのは、ふたりのネーミングだ。

二代目のナメロウはペーストにしないで細かく切るタイプだ。種類も多くて、お品書きに、
「ナメロウ各種」
と書いてある。各種ということはほとんどの魚や貝がナメロウになるというが、イカとかタコはだめだという。

4〜5人のグループだと、鹿児島の出水《いずみ》の30センチ近くあるアジをおろして、ナメロウにする。生きがいいから細かく切っても歯ごたえが残り、ネギとショウガと味噌がほどよく混ざって、なんともぜいたくなナメロウだ。小鉢にオオバを敷き、そこにのせるとアジの透き通った身が映える。生きのいい魚は美しいなと思う瞬間だ。

珍しいのは小柱のナメロウだ。これは小柱をたたいてネギと味噌を合わせてつまみにするもので、貝のうまみが出て小柱の歯ごたえもあり、お酒のつまみに人気がある。

「小柱のナメロウなんてはじめてです」

と言う人が多い。これは二代目が修業中に習ったそうだ。

カワハギのナメロウは、身と肝と味噌を合わせてたたき、ネギとショウガを入れる。肝のこってりした味と味噌が、カワハギのうまさを引き立てて冬の人気おつまみだ。

中トロのナメロウもある。これは中トロを少し荒めにたたいて、味噌とネギを合わせる。これにはショウガは入れない。海苔で包んで食べると、こってりした中トロの脂がネギと合っておいしいつまみだ。少し残った中トロのナメロウをもらったので、軍艦にして食べてみたらトロの脂があっておいしいが、味噌の味がシャリのじゃまをして、握りには向かないような気がした。

サザエのつまみと握り

　サザエの好きなお客さんから予約が入ると、特大のサザエを仕入れてくる。男性の握りこぶしより大きくて、ネタケースに入っていると、

「これはなんですか？」

「サザエです」

　と言うと、

「こんなに大きいのがあるんだ」

　とびっくりされる。夫もよく大きなサザエを仕入れたが、二代目が買うのはさらに大きい。殻に小さなアワビの殻が張りついてることもあり、

（何年、海の中にいたんだろう）

　と思ったりする。大きなサザエだから、つまみにするだけではもったいない。

「少し寿司にして、あとはつぼ焼きにしますか？」

　と聞き、握りを作る。サザエは固いから薄く切って、とんとんっと包丁を入れて食

べやすくして、ふたりだったら2貫ずつの握りにすると喜ばれる。磯の香りがする新鮮な寿司で、小さくてかわいい。

　残った身とワタはつぼ焼きだ。寿司にした分を取っても、まだたっぷり中身がある。焼くときは汁も楽しめるように、少しお湯を入れておく。火が通ってくるとサザエからコトコトいい音が聞こえてくる。中身に火が通ったら醤油を入れて味つけだ。醤油を入れると、なんだか懐かしい香りが流れてくる。焼きあがったのを運ぶと、

「いいにおい……」

　お客さんがうっとりした顔になる。そしてつぼ焼きを見て、

「しかし、大きいですねえ」

　と改めてサザエの大きさに目を見張るので、二代目が、

「豊洲でいちばん大きいのを探してきました」

　ちょっと自慢そうに言う。サザエは握りとつまみで楽しめるし、つぼ焼きの汁もおいしいのでお得な貝だから、予約のときに頼まれることが多い。

　せんだっても常連の女性が5人で予約を入れてくれて、

「サザエがあったらお願いします」

と頼まれたので二代目が大きなサザエを仕入れてきた。

最初にサザエの握りを2貫ずつお出しした。

「わあ、かわいいっ」

と歓声が上がり、

「あとはつぼ焼きにします」

と厨房にサザエが回ってきた。サザエを焼きながら、

（5人で2個のつぼ焼きは食べづらいのでは……）

と思っていると、二代目が小鉢を持ってきた。

「これに中身を取り分けてください」

なるほど、その手があったかと思った。ご夫婦の場合はつぼ焼きを分け合って食べてもいいが、友人同士だと食べづらい。特にこの時期だから、小分けにするのがいちばんいい。

サザエの身とワタは小さく切ってあるので、5個の小鉢に均等に入れ、汁も同じように入れた。

それからお盆にサザエの殻2個と、小鉢5個をのせて、

「先ほどのサザエです。小分けにしました」

と、焦げ跡のついたサザエの殻を見せると、

「わあ、うれしいっ」

と喜んでくれた。しばらくして小鉢を下げに行くと全部からになっていたので、小分けにして正解だったと思った。

◇消えたシャコつめ

豊洲から帰ってきた二代目に、何気なく、

「最近、シャコつめ見ないわね」

と言ったら、

「ないんだよ」

「えっ、ない？」

「シャコつめは売ってないんだ」

「どうしてかしら。シャコは入ってるのに」

その日も大きめのシャコが豊洲から届いていた。

「生のシャコは売ってるから、ほしかったら自分で茹でて、つめもさばいてってことじゃないかな。あんなに細かい仕事、いまは、やる人がいないよ」

「たしかにね……」

「白海老をむくほうが、いいかもしれない」

シャコつめというのは　シャコのつめの中に入っている少量の身だ。大きさは子どもの小指の先くらい。本当に小さい。これが葉書くらいの大きさのトレイに入っていて、夫がよく仕入れてきていた。これを見るたびに細かい仕事だなと思っていたが、細か過ぎてやる人がいなくなったようだ。

シャコつめをつまみにするときは、小鉢に盛りつけてツメを塗ってお出しする。これを知っている人はかなりの寿司通で、

「熱燗に合う」

と喜んでくれた。握りにするときは、軍艦にしてツメをつけて食べると、小さくてもシャコの味がして甘くてやわらかい。わたしはシャコよりもおいしいと思っていた。それが売ってないとは驚いた。

もともとシャコは好き嫌いが分かれたネタで、あの姿が嫌だという人が多い。しかし入ってくるときはもう茹でて殻をむいてあるから、実際の姿を見た人は少ないのではと思う。

夫が生きたシャコを仕入れてきたことがある。灰色の殻で、つめが大きくザリガニのような形だ。これを大なべに入れて茹でるとベージュ色になる。茹であがったシャ

コの殻をむくのもむずかしくて、うまくむけず殻ごとかじった記憶がある。つめから身を出すのは大変な作業だ。

シャコの旬は夏で、子持ちのシャコがあると、

「卵が入っている」

お客さんが喜んでくれる。シャコの玉子はきれいなオレンジ色だ。でもシャコは好き嫌いが多いから残ってしまうことがある。するとわたしに回ってくる。

「お母さん、シャコ好きでしょ」

と何匹かくれるので、夏の一時期の晩酌はシャコがつまみになることが多い。しかし、シャコつめも食べてみたいなと思う。もしかしたらどこかでひっそり、シャコつめをむいている人がいるかもしれない。

昆布締めの作り方

コロナが収束したら地方からのお客さんがみえるようになった。北海道や東北、九州からもなじみのお客さんが来てくれる。

GWのころ、九州から山田さん夫妻がみえた。うちに来るのは4年ぶりだという。コロナの前に東京に来て、また来年来ますよと言ってからそのままだったそうだ。わたしと同年代のご夫婦で、ご主人は料理が趣味だ。今回は、東京を起点に東北旅行に行き、帰ってきたらまた寿司を食べに来て帰宅するという。

夫妻は全国各地でおいしいものを食べ歩いて、帰ったらその味を再現すると言う。刺身や寿司の写真を撮るのは奥さんの担当で、長年撮りためた「うまいもの帖」があるそうだ。

山田さんはクエの昆布締めを食べると、

「ぼくも昆布締めを作るけど、こんなにおいしくできないな」

というので、

「九州はおいしい魚が多いから、いい昆布締めができるでしょう」

二代目が言った。

「昆布が違うのかな？」

そこで、昆布を取り出して見せた。うちで使っているのは羅臼《らうす》のもので、白く粉が吹いていていて昆布に厚みがある。

「味をみてみますか」

と、少し切って渡すと、

「うーん、僕がデパートで買ってるものと厚みも味も違う」

昆布を口にふくんでつぶやいた。

「これはキロ１万円です。もっと高いものもありますが、うちは親父の代からこれを使っています」

二代目が言い、昆布締めの作り方を説明した。

魚は鯛、ヒラメ、ホシガレイ、クエ、イカ、たまにサヨリで、脂のない魚がいい。作り方は、まず酒で湿らせた布巾で昆布を拭き、しっとりさせる。乾いたままだと昆布が割れてしまうし、味がしみこまないからだ。昆布がしなやかになったら、魚をのせて全体をくまなく包み、さらにそれをラップで包んで冷蔵庫に入れる。そして、軽く重しをして味がなじむようにする。夫は4時間くらいで昆布から出していたが、二代目は鯛とかクエなどは24時間おいて味をしっかりなじませるという。

うちの昆布締めの作り方をうなずきながら聞いていた山田さんは、

「この昆布はどこで買えるの？」

「築地の乾物屋さんです」

店名を言うと、滞在中に買いに行きたいと言う。しかし、高齢のご夫婦だし、築地の店の場所もよくわからないだろう。東京滞在中に、もう1日予約を入れてくれたので、その日までに取り寄せておくと二代目が言った。

数日後、東北旅行から戻った山田さん夫妻が来店したので、頼まれた昆布を見せた。昆布1キロはかなりボリュームがある。うちの店でも1キロ仕入れると3か月は使えるから、ふつうの家庭だったら1年以上使える。

「いい昆布締めができそうだ。これで昆布締めの寿司を作ります」

と、山田さんが言うので、シャリのレシピも書いて渡したから、いまごろはおいしい寿司を作って、お孫さんたちにふるまっているだろう。

昆布締めの寿司はシャリとなじみ、昆布から出る塩味で醤油がいらないくらいだが、昔、出前の寿司に入れたら、「白身が変な味するんだけど」とクレームがきたことがあり、それから昆布締めのネタには小さく切った昆布をのせるようにした。

常連さんは昆布締めを好きな人が多く、予約のときに、

「イカの昆布締めを作っておいて」

とか、

「昆布締めを、全種類、つまみでください」

という人もいる。でも新規のお客さんにはあまりなじみがないネタだ。というのもコースのメニューに昆布締めは入っていなくて、お好みの注文になるからだ。ベージュ色になったオニカサゴやイカの昆布締めをつまみにお酒を飲むのは大人の味わいだから、コースに一品、昆布締めを入れればと二代目に言っている。

懐かしい人、忘れられない人

マグロ目利き名人青柳さん

青柳《あおやなぎ》さんとはじめて会ったのは、いまから30年数年前だ。そのころ、開店してからずっと仕入れていたマグロ屋さんが後継者がいないために廃業することになり、夫はマグロの仕入れ先をどこにするか悩んでいた。そんなとき、ジャンパーにジーンズ、ぼさぼさ髪の見知らぬ男性が、

「大将いますか?」

とたずねて来た。年のころは30代後半くらいに見えた。店の掃除をしていたわたしが、

「いま準備中なんですけど、どちら様ですか?」

すると、話し声が聞こえたらしく、2階で帳簿をつけていた夫が下りてきた。

「あれっ、あんたは築地のマグロ屋さんだよね」

「はい、青柳といいます。突然すみません」

男性がぺこりと頭を下げた。夫がマグロ屋さんを探していると、人づてに聞いた青

柳さんは、

「ぜひ、うちからマグロを仕入れてください」

と営業に来たのだ。青柳さんが働いているマグロの仲買の店は開店したばかりだったので、顧客を探していたという。ふたりは話が合ったらしく、それから長い付き合いがはじまった。マグロは青柳さんの目利きで仕入れ、

「青ちゃんの選んだものなら」

と、夫は全幅の信頼をおいていた。


夫が元気だったころ、築地市場にマグロの競《せ》りを見学に行ったことがある。競りは朝の5時からはじまっていて、体育館のような広い場所に冷凍ものから生のマグロまで、ずらりと並んでいた。初夏だったが中は寒くて冷蔵庫のようだった。どうやってマグロの目利きをするのかと見ていると、マグロのしっぽの切った部分に懐中電灯を当てて見たり、切れ目を指でこすっている。これは脂ののり具合を確かめるためだという。

青柳さんは若い人たちに、

「あらゆるマグロを見て触って、身体で覚えろ。理屈じゃないんだ」

と教えていると言った。

マグロの競りは独特の符丁《ふちょう》と指さばきなので、なにがなにやらさっぱりわからない。大声が飛び交ううちに話がまとまり、マグロに数字が書き込まれて運び出される。競り人にも紹介してもらったが、競りのときとまったく違う物静かな人だった。昔は女性立ち入り禁止で、競り場に女性が入ったら、水を流して清めたものだという。

築地市場のころは外国人観光客がマグロに触ったり、ひどいときはマグロの隣にねころがって写真を撮ったり、なめたりすることもあって困っていた。豊洲に移ってからは、ガラス越しの見学になったからよかったと、青柳さんが話していた。

青柳さんは、マグロの目利きでは五本の指に入ると言われていて、仕事には厳しかったが、市場を離れるとやさしくて穏やかな人柄だった。奥さんの京子さんもマグロ屋さんの帳場で働いていて、明るくてかわいい人で、仲良く寿司を食べに来てくれた。青柳さんはお酒を飲まないので、お茶を飲みながら中トロの握りを食べ、

「大将、いいマグロ使ってますねえ」

「うちには、マグロの目利きがいるからねえ」

ふたりで目を合わせてにやっと笑い、京子さんが吹き出していた。

20年前の仕入れノートには沖縄の黒マグロ180キロのもの、腹の部分キロ6500円、脂がのっていると感想がある。

十数年前の記述には松前の黒マグロ100キロ。小ぶりだが霜降りで、青柳さんの保証付きとある。このマグロはわたしも覚えていて、マグロ好きのお客さんに、

「すごいマグロが入りました」

と連絡した記憶がある。夫は牛肉のような霜降りの柵《さく》をお客さんに見せて、

「いいでしょう！」

得意げに言い、大トロを握ってつけ台におき、

「うまいっ……」

と声が上がるのを、うれしそうに見ていた。わたしもこの大トロの切れ端を食べてみたが、香りのいい脂がじわりと口の中に広がり、大トロなのにしつこくなく、上品な味わいだった。赤身もきめこまかい脂があって、深い味がする。

「赤身なのに脂があるのね」

と言うと、

「だから、マグロはうまいんだ」

夫は自分が獲ったみたいに、鼻高々で言った。

青柳さんと出会ってからの仕入れノートには、

「青森竜飛《たっぴ》、キロ7500円、青ちゃんの保証付き」

「北海道戸井《とい》、キロ9000円。脂、色よし。これは本物だ」

と書いてある。

「マグロは青ちゃんにまかせておけばいいからな」

夫は亡くなる前、遺言のように二代目に言った。


青柳さん夫婦は二代目をかわいがってくれて、寒い朝、市場に仕入れに行くと、

「豊くん、どうぞ」

京子さんが、あたたかいお茶や缶コーヒーを出してくれて、それを青柳さんは笑顔で見ている。

「ほんとに、ふたりともやさしいんだよ……」

と、よく言っていた。ところが、夫が亡くなって2年くらいたったころ、青柳さん

が体調を崩し、入退院を繰り返すようになった。それでも退院したときは市場に出てきて、体調が悪いのにマグロを見てくれていた。自分の体のことがわかっていたみたいで、

「質の悪いマグロを出したら、あの世に行って、大将に顔向けができない……」

と言っていたという。2年前に青柳さんは亡くなったが、いまの仲買の店には青柳さんが育てた人がふたりいて、うちのマグロを選んでくれている。

京子さんからの喪中の挨拶状の最後の行に、

「青ちゃんのこと忘れないでください」

と書いてあり、その言葉が心に残った。

「忘れっこないよね」

「ほんとにお世話になったものね……」

わたしたちは声を詰まらせて言った。

いま、霜降りの大トロのすごいものが入ると、二代目は柵をお客さんに披露してから寿司にする。その姿は夫にそっくりだ。

わたしはときどきこんなことを考える。天国で夫と青柳さんが会って、

「大将、ひさしぶりです」

「なんだ、青ちゃんも来たのか。じゃあ、こっちで寿司屋やろうかな」

「いいですね。わたしがマグロ選びましょう」

なんて話してるかもしれない。そう思うと、寂しさが少し和らぐような気がする。

今年もシンコが入りました

2023年6月後半、豊洲から帰ってきた二代目が、

「シンコが入ってたけど高くて買えなかった」

ため息交じりに言った。シンコというのはコハダの稚魚で夏の一時期にしか出ないネタだ。体長は4～5センチ。ちゃんとうろこがあり、仕込みはコハダと変わらないが、小さいし数が多いので手がかかる。静岡の舞坂《まいさか》のものが、最初に出てきて値段も高い。

「いくらだったの？」

と聞くと、

「キロ25万だって」

「ええっ」

毎年、初シンコの値には驚くが、今年は最高値だ。去年の出はじめは18万だった。キロ25万を仕入れて寿司にしたら、いくらになるか聞くと、

「シンコが1匹1000円。小さいから1貫に5枚使うとして、原価で5000円だね」

という。そこに技術料やシャリなど、もろもろ付け加えるとすごい値段だ。都心の高級店だったら金額など気にせず、初物を食べたいという人がいるのだろうが、うちのような町なかの寿司屋ではとても使えない。

7月1日になって、ようやくキロ7万に下がり、仕入れたのが300グラム。小指の先くらいのものが100匹だ。夫はシンコの仕込みのとき難しい顔をしていたが、二代目は楽しそうにやっている。聞くと、シンコの仕込みが好きで、修業先の親方から、

「豊はシンコの仕込みがうまいな」

と褒められたそうだ。

仕込みの手順は、小さい出刃の刃先で頭を落とし、腹を開いて骨を取り氷水に入れておく。開き終わったら海水くらいの濃度の塩水に浸ける。これは「たて塩」といい、塩を直接ふるより、むらなく塩が回るので、身の薄い魚の下ごしらえに使われる方法だ。時間は自分の勘で、大きさによるが、出はじめのころは2~3分という。漬け酢

はいったん煮立ててから冷まして、昆布をひとかけら入れておくと、まろやかな味になる。酢の時間も勘だという。

1996年出版の『寿司屋のかみさんおいしい話』(講談社)には、シンコが魚河岸に出るのが7月はじめで、キロ3~4万。高いから、値段が手ごろになる7月後半に仕入れ、夏の甲子園が終るころまでがうちの店のシンコのシーズンと書いてある。当時の仕込みは「たて塩」ではなく、盆ざるに並べて直接塩をふっている。

2004年の夫の仕入れノートには、6月25日に舞坂のシンコ800グラム、175匹で2万2000円とあるので、このころには入荷が早くなっているのがわかる。仕込みは「たて塩」になり、塩水に4分、それから酢に2分と書いてある。大小1枚ずつで1貫にする。

その年の7月3日になると天草のものが入り、キロ5000円と急に値下がりするから、シンコは舞坂がブランドなのがわかる。4枚付で1貫800円と店で出す値段が書いてあった。シンコの量が多いときもあり270匹、おろして開くまで1時間半、少し遅いか?と赤ペンで感想があったから、どれだけ力を入れていたかわかる。ほかの魚全部の仕込みをするよりも、シンコだけのほうが長い。

二代目はシンコを酢から出すと、丸いざるの内側に1枚ずつ貼りつけていく。こうするとシンコの大きさがひと目でわかるしきれいだが、並べるのに30分くらいかかる。夫は四角いざるに入れてネタケースにさくっと並べていたので、丸いざるに入ったシンコを見たときは、銀色のうろこのようでびっくりした。これをお客さんに見せると、

「えー、なんですか？」

と首をかしげるので、二代目が、

「シンコです。コハダの稚魚でこの時期しかないんですよ」

とうれしそうに説明する。今年のシンコは1週間後には300グラムで60匹になり、値段も少し下がったので使いやすくなった。1貫分残ったからと二代目がシンコを握ってくれたので、初物を味わってみた。1年ぶりのシンコはふわりとやわらかく、ほのかなコハダの味と昆布の香りがする。

シンコが出はじめて3週間くらいすると、サイズが大きくなってきた。今年の7月後半のシンコの仕込みはちょっと手がかかった。というのもコハダとシンコが入り

（コハダのほうが好きなお客さんもいる）一番小さいのは5センチくらい、その次が7センチ、コハダは通常の大きさの12～13センチ。これを別々に仕込みするのだ。

どういう風にするのか見ていると、小さいものは「たて塩」で、中くらいのシンコとコハダはふつうに塩をふる。塩の時間はそれぞれ違うので次々にタイマーが鳴り、こんどは酢につける。小は2分半、中は4分、コハダは15分間、昆布を入れてまろやかになった酢につける。全部終わって並べたら1時間以上たっていた。

何枚付にするのか聞くと、一番小さいのは3枚付、中は1枚半、コハダは1枚で握るという。

シンコの仕入れ値はキロ1万円に下がった。仕込みの手間がかかっても、仕入れ値が安ければお客さんに出しやすい。それにサイズも選べるからこの時期のほうがお得だ。

そんなとき、常連の川原さんから、

「村瀬一弘君の一周忌なので、奥さんとバンド仲間の松原君たちと、合わせて5人で行きます」

と予約がきた。村瀬さんと川原さんは大学時代の友人で、50代になってから「アンクル・フォー」というバンドを結成。村瀬さんは愛知県の豊橋、川原さんは東京在住なので村瀬さんが上京すると来てくれていた。


去年の6月にも、村瀬さんからシンコを食べに行きますと予約がきたのだが、その日に入りそうもなかったので連絡したら、

「シンコがなくても問題ないです。予定通り行きます」

と返信がきた。そして、その日はコハダを食べて、

「うまいなあ。シンコは来年でいいよね」

「そうだね。来年の楽しみにとっておこう」

川原さんと言ってくれたのだが、豊橋に戻って10日後に、村瀬さんは突然、脳溢血で亡くなったのだ。まだ60代後半で、爽やかで明るく、笑顔がかわいい永遠の少年のような人だった。

四季折々に来てくれていたので、わたしは、この1年、

(いいカワハギが入ったのに、村瀬さんはもうこないんだ……)

(ヤリイカ、村瀬さんが好きだったな)

とつぶやいては、目をうるませていた。

その晩、村瀬さんの好きだったビールと、シンコの寿司をカウンターにおくと、

「主人がきっと喜んでいると思います」

奥さんが言い、川原さんが、

「じゃあ、村瀬に献杯っ」

明るくグラスをかかげたので湿っぽくならず、みんな楽しそうに寿司を食べてくれた。最後に、村瀬さんが好きだった沢庵巻きとかっぱ巻きを食べ、

「じゃあ、行きましょう」

と川原さんが立ち上がった。これから東中野のライブハウスで、追悼の演奏会をするという。村瀬さんの奥さんは三味線の名手だ。

「また来年もシンコを食べに来ますね」

そう言って一行が帰ると、カウンターにいたお客さんが、

「親父バンドなんていいですねえ。わたしも聞きに行きたいわ」

と言った。

おまかせコースとお好みと、その中間

ここ数年で魚がすごく高くなったと二代目が嘆く。コロナ前に比べてウニは2～3倍になり、ほかの魚も値上がりしている。マグロの値段はあまり変化がないが、いいものは少ないから奪い合いになる。寿司屋にとって厳しい時代だ。

うちの店は完全予約制で、はじめてのお客さんはコースにしていただいている。いま1万4000円（税別）で、突き出しと別に、おつまみが5品、握りが9貫に玉子焼きとみそ汁がついている。かなりボリュームがあるからこれでおなかがいっぱいというお客さんがほとんどだが、気に入ったネタや、海苔巻きを追加する人もいる。

昔は寿司屋のつまみといえば、刺身の盛り合わせだったから、

「つまみをみつくろって」

と繁華街の寿司屋で言ったら、大トロ、アワビ、赤貝などを盛り合わせた刺し盛りが出て、えらい金額になったと聞いたことが何度もある。

「これとこれって、チョイスして注文したらどうですか」

と言ったら、

「だって、魚の名前がわからないから」

と言う。なるほどと思い、つけ台のうしろの壁に、魚の名前と獲れた場所を書いたお品書きを貼り、そこから選んでいただくようにした。

いまはほとんどのお客さんがコースになり、刺身の盛り合わせは昔からの常連さんにお出しするくらいだ。常連さんの好みはわかっているので、二代目が刺し盛りを作る。先だって、大トロ、車海老、白身、イカなどの刺し盛りを作っていたので、

「ずいぶん豪華な盛り合わせだったわね」

ひさしぶりに見たので言うと、

「あれ、1人前7000円だよ。かなり値段を抑えてるんだけどね……」

二代目が難しい顔で言った。

おまかせコースは季節の魚をそろえているので、季節の変わり目ごとに来てくれるお客さんも多い。

令和5年のコースの基本メニューはこんな感じだ。まず突き出しは、マグロの赤身

の湯引きだ。これはマグロの柵に熱湯をかけてから冷水にくぐらせ、ひと口大に切って、その上におろしたてのワサビをおく。赤身の鮮やかな色にワサビの緑、湯引きして白くなった表面がいいコントラストで、

「わあ、きれい」

と女性のお客さんが喜んでくれる。食べると歯ごたえがあり、マグロのうまみがじわっと広がる。

季節によって、白海老にイクラをのせた小鉢、ノレソレ、白魚、タコパッチョなどになる。タコパッチョというのは、薄切りにしたタコに塩とレモン、コショウをかけたカルパッチョ風のつまみで人気がある。

次は揚げ物で、春から初夏はメヒカリ、夏は稚鮎、秋になるとシシャモのから揚げ。シシャモが禁漁になるとまたメヒカリに戻る。

そのあとは、いちばん人気の月見イワシで、サンマが出はじめのころは月見サンマにすることもある。

カツオの季節にはカツオの刺身を3枚並べ、ショウガ、玉ネギのすりおろし、辛子をのせて食べていただく。いろんな味が楽しめるし見た目も美しい一皿だ。

焼き物は、茨城県鹿島で獲れた焼きハマグリか、季節によってはホッキ貝になることもある。殻からはみ出しそうな大きなハマグリを焼くと、ピンクとベージュの混じった身から濃い汁が出て、醬油をたらすとじゅっといい音がする。火が通ったら、殻ごと皿にのせてお出しする。身が大きいのでお客さんが目を見張るのが楽しい。殻に残った汁を、飲んでいいものかどうかと迷っている女性もいるので、

「おいしいので飲んでみてください」

と言うと、

「わあ、おいしいですね」

と喜んでもらえる。

ときにはハマグリのお吸い物にすることもある。これはかつおだしをとってそこにハマグリを入れ、火が通ったら塩少々と醬油を1滴落とす。熱々の汁は磯の香りとかつおだしが合わさった、いい香りがする。塩はほんの少ししか入れてないがハマグリから出るうまみでまろやかな味になり、吸い口に芽ネギをちらすと、華やかでおいしいお椀ができる。

ホッキ貝は生でもおいしいが、火を通すとさらにうまみが増す。大きい貝なのでカ

ップルならふたりで食べていただく。殻から取り出し開いてワタを取って、食べやすい大きさに切ってから火を通すと、灰色だった貝の先がピンクになり磯の香りが漂ってくる。そこに醤油を少したらし、2枚の殻に均等に分けてお出しすると、ゴージャスなつまみになる。

そのあとはシマアジとか金目鯛を煮切り醤油に漬けてヅケにして、皮目を軽く炙りワサビをのせたり、時にはノドグロの焼き物などをお出しする。

冬は何といっても真鱈の白子の塩炙りで、生きのいい白子に塩をふりバーナーで炙って表面をかりっとさせると、外側は熱く中はとろりとして何とも言えないうまさだ。白子の食べ方はこれがベストだと夫がよく言っていた。

カワハギの肝和えも冬にはよく出る。カワハギを細く切り。たたいた肝と和えたものので、こってりした肝と淡白な身が互いを引き立てていい味わいになる。これが出てくるともうじき冬だなと思う。

ひと通りつまみが出ると、

「玉子焼きをお願いします」

と声がかかる。玉子焼きは予約の時間と人数に合わせて焼いているから、ホカホカ

温かい。これをお出しすると、

「おかみさんの玉子焼きだ！」

と喜んでくれるから作り甲斐がある。玉子焼きのあとは握りになるので、

「これからお寿司になります」

と二代目が声をかける。

寿司は白身からはじまり、コハダ（夏はシンコ）、イカ、ウニ、マグロの赤身、アナゴになる。アナゴはツメにするか、最近開発したネギ醤油にするか選んでいただく。握りの最後にトロづけ炙りが出る。白身は季節によって2〜3種類になることもある。これは塩とスダチで食べていただく。最後にアサリかシジミのお椀が出てコース終了になる。

いま使っているアサリはすごく大きくて、身がしっかり入っているから、

「大きいアサリですねえ」

とお客さんがびっくりする。冬になるとシジミにするが、これは青森の十三湖のものので粒が大きくて味が濃く、牛乳のような乳白色の汁が出るのでお酒のあとにはちょうどいい。コースといえば、先日、こんなことがあった。

はじめてのお客さんで、女性ふたりと男性ひとりだった。男性は壁に貼ってあるお品書きを見て、

「アジは鹿児島の出水《いずみ》ですか」

と言ったので、二代目が、

「これを出水と読める人は、あまりいないですよ」

言いながら、ネタケースから体長30センチくらいの見事なアジを取り出した。

「これが出水のアジです」

「わあ、すごいですね。ぼくは鹿児島出身なんですけど、こんなの見たことないな」

そこから話が弾み、いろいろ話すうちに男性はYさんという音楽家で、女性は奥さんとマネージャーだとわかった。

コースでつまみをお出ししたあと、白身からはじまり、そのあと、アジをおろして握りにした。透き通るような身に、皮の下の赤い部分が映えた美しい寿司で、アジには煮切り醤油と、ネギとショウガの薬味とスダチを絞ってある。

「うまいですねえ、このアジ。鹿児島でもこれは食べたことがない」

とYさんが言い、女性たちもうなずいた。それからシンコなど季節のものやトロづ

け炙りを食べ、お茶になると、

「ぼくは寿司がすごく好きで、あのお品書きを全部食べたいんですよ。だけどコースだと、つまみが多いから、そんなに食べられないでしょう。この次はお好みにしてもらえますか？」

「わかりました。予約のときに言っていただけば、そうしますので」

と答えた。

その2週間後にYさんから予約がきた。今回は娘さんもいっしょで4人だという。その日は、ほかの予約が1件だけで、しかも予約時間がずれていたので、Yさん一家の貸し切りのようになった。つまみは、この前食べたシシャモのから揚げと月見イワシをリクエスト、あとは握りが食べたいという。

「端から全部握ってください。全員、苦手なものはないです」

と豪快に言い、お品書きを指さした。ラインナップはこんな風だ。

活け松皮ガレイ　北海道
活けカンパチ　愛媛

金目鯛　鴨川
アジ　出水
イワシ　千葉
白イカ　山口
平貝　愛知
シャコ　三重
カツオ　千葉
車海老　天草
アナゴ　対馬
ウニ　北海道
トロづけ炙り

松皮ガレイというのは皮の表面が細かいうろこにおおわれていて、松の表面みたいに硬いからそういわれるようになったという。ホシガレイと双璧の高級魚で、うまみが強くて歯ごたえがある。これは塩とスダチで、金目鯛は皮目を炙って握り、カンパチはワサビでさらりと食べていただいた。

「エンガワはありますか?」

と聞かれ、二代目が松皮ガレイのエンガワを握ってお出しした。そういえばコースが多くなってから、こういうやり取りを聞かなくなった。

エンガワというのはカレイやヒラメなどの平たい魚のまわりについていて、よく動かすので脂がのっていて歯ごたえがある。ただ、1匹の魚から少ししか取れないのであったらラッキーだ。その日はエンガワがあったのでYさんたちが喜んでくれた。

ちなみに「活け」というのは生きている魚の頭に包丁を入れ、血抜きしたもののことだ。

締めた翌日が食べごろで日持ちする。野締めというのもあり、これは水揚げしてから自然死した魚であまり日持ちがよくない。仕入れ値は活け締めのほうが5割くらい高い。もちろん出水のアジも食べてくれた。

社会人だというお嬢さんも寿司が好きだといい、

「玉子焼き、まだありますか」

と言ってくれたので、1人分くらい残っていた玉子焼きに、端っこの一番味の濃いところも添えてお出ししたら、喜んでくれたのでわたしもうれしかった。握り通しだった二代目は、Yさんが帰ったあとで、

「疲れたけど、楽しかった」

と言った。

お勘定はお任せコースの4人前と変わらない値段だった。こういう食べ方はひさしぶりだったので、夫とふたりでやっていたころを思い出した。

常連さんが甥御さんの大学合格祝いに、寿司をごちそうした。そのときネタケースの端から端まで二往復したことがあり、シャリを追加で炊いたことがある。ほかにお客さんがいたのかどうか記憶にないが、

「閉店時間がなければもっと食べられる」

甥御さんが言い、常連さんが、

「おいおい、勘弁してくれ」

と笑っていた。

二代目は家族連れの子どもさんが、高校生や大学生だと、

「つまみ少なめにして、握りを多めにしましょうか？」

と聞く。お酒を飲まないので、つまみは少なめのほうがいいかもと思うからだ。するとたいていのお客さんが、

「じゃあそうしてください」

と言う。同じものをお出しするより手間はかかるが、お客さんが満足してくれればいいそうだ。

「お父さんは学生さんとかには握りを大きくしてたけど、豊はそうしないの？」

と聞くと、

「握りを大きくするのはあまり好きじゃないんだ。言われればやるけど」

と言う。ネタとシャリのバランスを考えて握っているから、シャリが大きいと見た目がいまいちになるという。

先日久しぶりに、シャリの大きい握りを見た。グループでみえたお客さんが、高校生の息子さんに寿司を持ち帰りたいという。

「食べ盛りだから、握りを大きくしてもらえますか」

とのことで、折箱に入った寿司を見たら、いつもよりもかなり大きい握りで、

（昔の寿司ってこんな感じだったな）

と懐かしくなった。

いまはおまかせコースを基本にして、ほどよく食べていただくのが一番いいと二代目が言う。

◇金目鯛の甘辛たれ焼き

うちの店は、小学生以上からの来店にしている。以前、赤ちゃんが泣き止まず、ほかのお客さんに迷惑をかけてしまったことがあり、入店は小学生からにしたのだ。

最近は小さいお子さんがいると、家族で貸し切りというケースが多い。親戚も呼んで10人くらいの貸し切りなら、赤ちゃんが泣いても大丈夫だからこちらも安心だ。

小さいお子さんは酢飯が苦手な場合もあり、そういうときは白飯を用意しておく。

常連の下村さんのお孫さんの柊太《しゅうた》くんは、金目鯛の焼き物にごはんというセットが大好きで、予約があると金目鯛の切り身を3〜4枚準備しておき、ごはんも炊きたてを用意する。

金目鯛の甘辛たれ焼きは、脂がのっているから、たれとよく合う。ほかのものはいらないと言い、ひたすら焼き物とごはんで、茶わん3杯食べたこともある。

まだ1年生で、ふだんはそんなに食べないというから、よほどこの焼き物が気に入ったらしい。

脂ののった金目鯛をつけ焼きにして、黒い角皿にオオバを敷き、そこに赤い皮目の金目鯛をのせレモンを添えると色合いがとてもきれいだ。魚の脂がしみ出したところに甘辛たれを混ぜるとうまみが増すから、ごはんが進む。

大人だったら同じものばかりは食べづらいが、子どもは素直で正直だ。柊太くんが、お行儀よくカウンターに座って食べているのを見ると、うれしくなる。

ちなみに大人は、アワビが入った刺し盛りにトロづけ炙りのつまみ、通称ハシモトサン（常連だった橋本龍太郎元総理が好んで食べていたつまみで、煮切り醤油に漬けた大トロの柵を金串に刺して、火で炙りワサビをのせたもの）、月見イワシなどを食べているから、そのうち柊太くんも食べるようになるかもしれない。

7～8年位前までは赤ちゃん連れでもOKで、ベビーカーに乗せた赤ちゃんや小さいお子さん連れがよく来たので、テーブル席に折り紙や積み木をおいて、そこで遊ばせたりした。

テーブル席でかっぱ巻きを食べていた小さな女の子が社会人になり、両親とお酒を飲んでいるのを見ると、時がたつのは早いなと思う。

家族の誕生日ごとにみえるKさん夫妻は、外資系の会社で共働きしていたので、娘さんが小学生のころはシッターさんがついていた。先日みえたとき、

「あのころ、お嬢さんにシッターさんってどうですか?って聞いたら、『いろんな人がいますね』って言ってましたよね」

とわたしが言ったら、爆笑した。

「あなたそんなこと言ってたの。まあ確かにいろんな人がいましたけど……」

お母さんが言い、お父さんは笑っている。

「えー、わたし全然覚えてないです。小学生がそんなこと言ってました?」

娘さんが照れ臭そうに言ったので、

「10歳くらいだったのに、大人をよく見てて、賢いなと思ったんですよ」

「おかみさん、よく覚えてますね」

「いや、注文とかはすぐ忘れるんですけどね」

昔のことは覚えているのに、ビールを出し忘れたりする。

以前、こんなことがあった。近所に住んでいた若いご夫婦の西村さんは、赤ちゃん

が生まれてからも来てくれていた。赤ちゃんは女の子で瑞樹《みずき》ちゃんという名前だった。

ある日、瑞樹ちゃんがよく寝ているのでベビーカーを店の隅において、ふたりはカウンターで寿司を食べていた。しばらくして瑞樹ちゃんが目をさました。抱き上げたお母さんが、

「あら、ほっぺが蚊に刺されてるわ」

見ると、ふっくらした頬に赤い跡がある。

「うちは害虫駆除が毎月来てるから、蚊がいないはずだけど……」

わたしが言うと、瑞樹ちゃんのお父さんが、

「じゃあ、外で刺されたのかもしれないですね」

とその場をまとめるように言った。お母さんは心配そうな顔だ。薬があればと思ったけれど、子ども用の虫刺されの薬はおいてない。抱っこしながら寿司を食べ西村さんは帰ったが、わたしはなんだか重い気持ちになった。はじめての赤ちゃんの頬に虫刺されのあとがついたら、いやな気分に違いない。念のため、仕事が終わったあと殺虫剤をまいた。

それからずっと、瑞樹ちゃん一家は来なかったので、

（わたしの言い方が、感じ悪かったのかもしれない……）

と思い、夫に言うと、

「蚊に食われるくらいどうってことないよ。そのうちまた来てくれるさ」

と笑っていた。夫の考え方はいつも明るいから、

「そうよね」

とうなずいたけれど、それからもぜんぜん来ないので、

（きつい言葉は使わないようにしなくては）

と反省していたのだが、せんだって、突然、予約の電話がきた。

「えっ、前に来ていただいてた西村さんですか？」

びっくりして言うと、

「はい、覚えてててくれててうれしいです」

奥さんの明るい声がした。

家族3人で来店した西村さんに、

「おひさしぶりですね」

と言うと、

「あれから引っ越したんですよ。それにホームページ見たら、入店は小学生からって書いてあったので、入学してから行こうと思ったらコロナで……」

「ああ、そうだったんですか」

瑞樹ちゃんは3年生で両親に似た、かわいい女の子だった。苦手なものはないとのことで、さび抜きの寿司を1人前ぺろりと食べた。両親はお任せコースを食べて、

「シシャモおいしいわ」

「そうだね」

と相変わらず仲がいい。帰りがけに、長年、気になっていたことを聞いてみた。

「赤ちゃんのとき、バギーに乗ってて蚊に刺されたことがありましたよね」

「あら、そんなことありましたっけ」

「子どもは、よく蚊に食われるからね」

旦那さんも笑っている。すると瑞樹ちゃんが、

「ねえ、だれが蚊に刺されたの？」

「瑞樹ちゃんが赤ちゃんのときよ」

と言うと、

「ふーん」

ぜんぜん興味なさそうだった。

西村さん一家が来てくれて、長年のもやもやが、晴れてほっとした。わたしの考え過ぎだったようだが、言葉には気をつけなくてはと思った。

ハーレーに乗った弁護士さん

営業中に電話が鳴った。出ると常連の黒嵜《くろさき》さんで、

「おかみさん、いま店の前にいるので戸を開けてください」

と言う。

入口を開けると、見たことのない形のバイクに乗った黒嵜さんがいた。

「これが僕の愛車です」

黒嵜さんが大きな声で言うと、店にいたお客さんも外に出てきた。

「えー、すごい。なんですかこれは？」

「特注のハーレーです」

大きくてぴかぴかなので、通りがかった人も驚いた顔だ。

この数日前に黒嵜さんが来店したとき、

「ハーレー買ったんですよ」

というので、

「え？」

意味がわからず聞き返した。黒嵜さんは車いすに乗っている。バイクは無理なのではと思ったら、

「車いすとドッキングさせるようにハーレーを改造してもらってたのが、ようやくできたんで、こんど見せに来ます」

わたしはどんなものか想像がつかず、

「はい、ぜひ」

と言ったら本当に見せに来てくれたのだった。

お客さんたちは、

「すごいですね」

「はじめて見ました」

と言っているので、

「この方は弁護士さんなんですよ」

黒嵜さんを紹介すると、さらに驚いた顔になった。黒嵜さんはにこにこ笑っている。

その顔を見たら、最初に会ったときを思い出した。

あれはいまから30年以上前のことだ。車いすの青年と友人らしい男性ふたりが来店、テーブル席に座った。ふたりは車いすの青年の引っ越しの手伝いに来たという。そのときは上寿司を食べて帰った。

それから恋人らしい若い女性とふたりで来るうちに、いろいろ話すようになった。黒嵜さんは大学生のとき、バイク事故で下半身が不自由になり、入院中になにか資格を取らなくてはと、弁護士を目指すようになって勉強中だという。

それから10年たってついに司法試験に合格した。がんばっていたのを見ていたから、合格と聞いたときは本当にうれしくて、夫と、

「よかったねえ」

と目をうるませた。そのあと、恋人と結婚して、幸せな家庭を築いている。

黒嵜さんはシンコが好きだから、シンコのシーズンになると奥さんと来店する。お茶ハイを飲んで、昆布締めや月見イワシを食べ、寿司はお好みで注文する。せんだっても4枚付のシンコを食べ、

「うまいなあ……」

と言ってくれた。締めに食べるのはトロ巻きと山ごぼう巻きだ。そのとき帰り際に、

「おかみさん、ぼく、もう60歳ですよ。弁護士になって25年になります」

と言うので、

「そんなにたちますか」

すると黒嵜さんが、新しい名刺をくれた。そこには「東京弁護士会副会長　黒嵜隆」と書いてあった。

「すごいですねえ、夫がいたら喜んだと思います」

と言うと、

「大将にも報告したかったです」

そのときに、車いすハーレーの話を聞いたのだった。

「バイクで事故にあったのに、ぼくはやっぱりバイクが好きなんですよ。あのハンドルの感触がたまらないんです。どうしてもバイクに乗りたかったから買ったたって言ったら、あんな事故を起こして親戚中が心配したのに、またバイクなんてって親父には怒られました」

少し照れ臭そうに話した。故郷の九州には、90代のお父さんが健在だという。還暦

の息子を叱るお父さんがいるとは、うらやましい話だ。

黒嵜さんはみんなにバイクを披露すると、

「じゃあ、また」

と言って、颯爽《さっそう》と走り去った。

時代が変われば、寿司屋も変わる？

コロナ禍の寿司屋

寿司屋になって50年近くたつ。バブル崩壊、リーマンショックなどいろんなことがあったが、今回のコロナ騒動が一番つらかった。ほかの飲食店の人に聞いても同じことを言う。

「あれは空白の3年間だったね」

「記憶がとんでる」

これは店が存続している人で、店をたたんで消息がわからない人もいる。東中野でも、いつの間にか違う名前の店になっていたり、シャッターが下りたままのところもある。うちは持ち家だから家賃が出ないし、従業員もいないので何とか持ちこたえてきたが、

「あの3年間は取り戻せない」

と二代目が言う。

夫が亡くなったのはコロナが流行り出す1年半前だったから、入院しているとき、

毎日面会に行けたが、コロナのときだったらどんなに心残りだったろう。

亡くなってから二代目とわたしとで店をやり、軌道にのってきた2019年の日記を見ると、

「今日は満席」「お持ち帰りの寿司もあって忙しかった」「今月はお父さんがいたころと同じくらいの売り上げだ」「今日はノーミスで完璧な仕上がり。武蔵野総合クリニックの下村先生、9人で貸し切り。おいしい魚をたくさん出してくださいという注文。ひさしぶりにアワビを入れた」

と明るく書いてある。2019年の初セリで大間のマグロが3億で落札というニュースもあった。若いお客さんも増えてきたし、昔ながらの常連さんもいる。40代半ばで働き盛りの二代目は、

「がんばらなくちゃ」

と言っていて、その年はまあまあの売り上げだった。しかし、2020年になって、聞いたことのない病気が流行り出した。最初の頃は、

「風邪の新種だよね」

と気楽に構えていたが、そのうち電話が鳴るとキャンセルという事態になり、新し

い予約は入らない。これはただ事じゃないと思うようになった。2020年の3月の日記には、

「電話も鳴らず、だれも来ず」

と書いてある。3月後半になるとカウンターは空席が目立つようになった。

「魚をどうしよう。この状態じゃあ、仕入れても無駄になるしなあ」

二代目は頭を抱えている。仕入れる魚は値が張るものばかりだ。豊洲市場に行くと、仲買の人達が暇そうに立っていて、

「これじゃあ、どうしようもないよ」

とぼやいている。仕入れに来ている人もまばらで、新しい市場は閑古鳥だ。仕方ないので、いま入っている予約が終わったら店を休むことにした。4月半ばの最終営業日に、

「しばらく休みますね」

とあいさつすると、

「おかみさん、元気で。再開するときは連絡ください」

常連さんが言ってくれた。まるで永遠の別れのように涙ぐんでいる。確かに、いつ

自分が感染するかわからないし、薬もない。有名人がコロナで亡くなっていたから、よけい悲壮感があり、お客さんを見送るのが本当に寂しかった。涙ぐみながら戸を閉めて、ネタケースの中を見ると、魚がたくさん残っている。

「もったいないわねえ」

ため息が出た。二代目は賄いに使えるものは、冷凍保存しておくという。それにしてもかなりの量だ。クエや金目鯛は切り身にして醤油漬けに、イカ、ホタテ、小柱は冷凍した。マグロやイワシは二代目が家に持ち帰るという。二代目は足立区に住んでいて、食べ盛りの男の子がふたりいるから、魚はすぐになくなるだろう。

「イカや小柱は、お母さんが食べたいときに解凍すればいいからね」

と言ったが、自分の分だけ調理するのは面倒だから手つかずだ。

ときたま大きい予約が入ると二代目が仕入れに行き、店を開ける。そのとき、常連さんに連絡すると喜んできてくれるのでありがたかった。とくによく来てくれたのは、神楽坂で「甲州屋」という居酒屋をやっている長谷部さん夫婦、通称、ジュンちゃんケンちゃんだ。

甲州屋さんは緊急事態宣言からずっと休みにしていたので、連絡すると来てくれた。

住まいは神田川をへだてた新宿区にあるので、ときどき東中野にふたりで散歩に来て、

「布団が干してあるから、おかみさん元気みたい」

「よかったね」

と、わたしを気遣ってくれた。

もとサラリーマンで総務部だったケンちゃんは、経理にもくわしく、

「給付金が出ても、税金でもっていかれるから、使わないほうがいいよ」

などとアドバイスしてくれた。

店を開けても時短になったり、アルコールを出す時間が制限されたりして安定しなかったから、不定期な営業だ。店をやっていないときは、生ビールはないし、食べるものも粗食になる。かといってなにか作るのも面倒だから、買いおきしておいた冷凍食品を食べていた。

コロナで営業できないときにいちばん食べたかったのはシャリだった。どうしてもシャリが食べたくて、2合炊いてシャリを作り、お稲荷さんとかんぴょう巻きを作った。いつも通りのシャリができたけれど、仕事のあとに食べるのと違って、なんだか寂しい味がした。

コロナが収束して、久しぶりにみえたお客さんが、

「あっ、衝立《ついたて》がなくなってる」

と明るい声で言った。カウンターに衝立がおいてあると狭くなるし、寿司が出しづらい。

「寿司をつけ台に出そうとすると、引っかかりそうで危ないんだ」

と二代目が言っていたが、お客さんもうっとおしかったのだろう。衝立を並べているときは、カウンターは7席にしていた。


コロナの前によく来てくれていたお客さんの名前が日記に書いてある。収束してからも予約がないので、

（そういえばTさんどうしたかしら）

（横浜のKさんみえないな）

などと思うが、そのうち電話をくれるかもしれない。

最近は地方からのお客さんも増えてきた。先日は大阪からのお客さんがみえた。寿司屋のかみさんシリーズを全部読んでくれたという。

「ずっと来たかったんですが、コロナで無理だったので、やっと来られました」

と言ってくれて、大阪の箕面《みのお》の『もみじの天ぷら』をお土産にいただいた。

このお客さんは、魚の顔ぶれが変わるころに、また来たいというので、

「11月ころですね」

二代目が言うと、11月半ばの予約を入れてくれた。それを聞いて、コロナが収束したという実感が強くなった。

出前のオファーあれこれ

コロナ禍のころに、

「出前お願いします」

という電話がよくかかってきた。うちは出前をやってないのでそう言うと、

「えっ、やってない？」

意外そうな声で電話が切れた。こちらも、

（なんで知らない人から出前の注文がくるんだろう。出前をやめてから20年以上たつのに……）

と首をかしげた。出前専門の会社からも、

「やりませんか？」

とオファーがきたが、うちで使っている魚で1人前の寿司を作るとかなりの金額になるから、注文はこないだろうと、丁寧にお断りした。コロナが収束してからは、そういう電話がすっかりなくなった。

コロナの真っただ中に、常連のお客さんからこんなメールがきた。

「どうしても名登利寿司の寿司を食べたいけど、みんなで会うわけにはいかないから、折り詰めを作ってください。息子家族の分は、わたしが車で届けます」

握り寿司を10人前に太巻き3本、トロ巻き1人前、かんぴょう巻き1人前という大量の注文だ。常連さんだから魚の好みがわかるし、うちの寿司の値段がわかっているので作りやすい。予約のキャンセルが多い時期に、ありがたい注文だった。二代目は、

「白身はノドグロがいいかな、あとは中トロとアジ……」

はりきって魚を仕入れた。寿司1人前は8貫だが、お孫さんが食べ盛りだからとのことで、大きい折箱に12貫ずつ入れることにした。予約の日は多めにシャリを炊き、玉子焼きを焼いて冷ましておいた。折り詰めや太巻きに、温かい玉子焼きは入れられないからだ。

6時に取りに来るとのことなので、夕方5時から作りはじめた。わたしは太巻きと海苔巻き、二代目は寿司を握って折箱に詰めていく。ワサビ抜きとかウニ抜きなど、細かい指示があるので、間違えないように折箱にメモを貼っておく。時間ぴったりに

取りに来てくれたお客さんにお渡ししたら、ほっとしてへたりこんだ。

そのときの寿司は、マグロの赤身、ウニ、コハダ、アジ、ノドグロ、アナゴ、車海老、イクラ、トロづけ炙り、イカ、玉子焼き。寿司の5色がそろった美しい寿司だった。値段は1個1万円で、

「わざわざ車で取りに来てくれるんだから、サービス値段だよ」

と二代目が言った。あとで、お客さんから、

「とてもおいしかったです。孫たちが喜んでLINEをくれました」

というメールがきたので、疲れが吹き飛んだ。


いまは出前をやっていないが、昔は売り上げの半分を出前が占めていた。レストランを経営している人から、

「寿司屋さんは出前があるからいいね。店がヒマでも出前で稼げるから」

と言われたことがある。逆にわたしは、近所の小料理屋や洋食屋さんは出前をしないし、お正月は休んでもやっていけるのだから、うらやましいと思っていた。寿司屋の正月は戦場のようで、暮れになると、

（ああ、もうじき正月だ……）

と思い、風邪をひかないように事故に合わないように、用心しながら過ごした。

昭和57年12月29日の仕入れノートを見るとキュウリ54本、沢庵2キロ、奈良漬け4本、サーモン4本2400円などと書いてある。夫はサーモンがあまり好きではなかったが、正月は魚が少なくなるので入れていたのだろう。奈良漬けは、並のちらし寿司にのせていた。これを細かく刻んでワサビをきかせ、かつお節を入れた海苔巻きを、ときどき巻いて食べていた。下戸の人が酔いそうな、大人の味の海苔巻きだ。

貝は、トリ貝12枚と書いてある。これは湯がいたトリ貝が9個入ったトレイを、12枚仕入れたということだから108個になる。いまは殻つきのトリ貝を仕入れているが、昔は茹でてあるのを使っていた。茹でると味が薄くなり硬くなるから、最初にこれを食べて、トリ貝は好きじゃないという人もいる。そこで殻から出したばかりのものに、塩とスダチをのせてお出しすると、

「いままで食べてたのと全然違う」

と言って、それからトリ貝を好きになったりする。殻つきのトリ貝があるのは春から夏の一時期だけで、あとは茹でたものだから、生のトリ貝が入ったら連絡してくだ

さいというお客さんもいる。

出前で使っていたトリ貝は、薄い酢水でワタをきれいに洗い、晒《さらし》で水気を取って冷蔵しておく。酢水で洗うわけは、酢の殺菌力で日持ちするからとのこと。こういう細かい下ごしらえが大事なのだと、夫がよく言っていた。

当時の仕入れ値はトレイ1枚350円。トリ貝1枚30円くらいだから、値段が手ごろで使いやすかったのだろう。そのほかにも青柳《あおやぎ》、赤貝、石垣貝、平貝《たいらがい》、アワビなどが書いてある。

赤貝、平貝、アワビは仕入れが高めだったので、立ち（カウンターで、お好みで食べるお客さんのこと）で出したり、特上寿司に入れていた。アワビが入ると寿司の格がぐんと上がるから、

「アワビはいいなあ」

と夫がよく言っていた。いま考えるとぜいたくな盛り込みだが、当時のアワビは1個1600円と書いてあるからいまほど高価ではなく、いつも2～3個仕入れていて、残ると蒸しアワビにしていた。

青柳は最近見かけなくなったので、なぜかと二代目に聞いたら、

「青柳を食べるお客さんがいないんだ。ちょっと癖のある味だからかな」

とのことで、石垣貝も同じ理由だという。その代わり青柳の貝柱の小柱は人気があり、常連のお客さんが予約のときに、

「小柱があったら入れておいてください」

と言ってくれる。小柱の寿司は軍艦巻きで、煮切り醤油をひと刷毛塗ってお出しする。小柱はやわらかくて甘みがあり煮切り醤油とよく合う大人の味の寿司だ。でもときどき、並寿司の出前に入れていたオレンジ色の青柳の癖のある味が懐かしくなる。


出前にはいろんな思い出がある。バブルのころに若い衆がタレントになりたいといってやめてしまってから、近いところはわたしが届けに行っていた。店が混んでいるときは、夜遅くでもわたしが出かけた。ひとりで薄暗いマンションに行き、

「おまちどおさま」

チャイムを押すと、パンチパーマに刺青《いれずみ》の人が出てきて、

「ごくろうさん、釣りはいいよ」

とチップをくれたりした。いま考えると、よく怖くなかったなと思うが、平気で薄

暗い階段を上がっていた。古いマンションだとネズミに遭遇することもあり、さすがにそのときは、

「きゃあっ」

と悲鳴を上げたが、寿司を渡したあとだったから、寿司桶を取り落とさずにすんでよかったと思った。

いまでは考えられないが、昔は出前の代金は寿司と引き換えにくれるお客さんと、器を下げに行ったときにくれる翌日払いと半々くらいだった。

「もしも次の日、いなくなってたらどうするの？　寿司と引き換えにしたほうがいいんじゃない？」

と夫に言ったら、

「昔からそうなっているし、踏み倒すような人はこのあたりにはいない」

と言う。たしかに料金をいただけなかったことはないが、何度も集金に行き、ようやく払ってもらったことはある。代金引換ではないから、お金が入るまで時間を稼いでいたのかもしれない。

お金はいただいたが寿司桶が返ってこなかったことは2回あった。1回目は、人気ミュージシャンの部屋に出前した翌日、彼が大麻で逮捕されレポーターやファンでアパートの前は大騒ぎで、そのまま寿司桶は行方不明になった。2回目は外国人（スコットランド人と聞いた）の住んでいたアパートに、上寿司2人前を届け、翌日、回収にいったら管理人さんが出てきて、

「あの外人さんは、帰国しましたよ」

「寿司桶預かってないですか？」

「いや、ないねえ。寿司桶なんて外国にはないから、記念に持って帰ったんじゃないの」

と言われ、すごすご帰ってきた。

「まあいいよ、ベークライトのだし。木製の漆塗りのだと、損害大きいけどな」

夫はなんでもない顔で言った。

特上寿司の盛り込み用に使っている寿司桶は、小さな寿司屋には不似合いな高級漆《うるし》塗りで、開店するとき思い切って買ったという品だ。これは、ぬるま湯でやさしく洗わないと傷がつくから、洗い場としてはあまり使いたくないものだった。

ベークライトの寿司桶のふたつくらい、日本のお土産にしてもかまわないというから、

「そうね。スコットランドで、部屋に飾ってるかもしれない」

と言った。

昔の出前での損失はこの2件だけだったから、のんびりしたいい時代だったのだなと思う。

◇飲み物のお品書き

ちかごろ瓶ビールが売れない。昔は瓶ビール好きのお客さんが多くて、たくさん冷やしておいてもすぐになくなった。いまは、ほとんどの人が生ビールで、瓶ビールは週に1～2本しか出ない。グループの場合だとジョッキを並べて少しずつ注ぎ、泡が均等になるように気をつけながらお出しするから時間がかかる。

居酒屋をやっている人に聞いたら、大勢のグループの場合は、最初の乾杯は瓶ビールでお願いしますというそうだ。たしかに10人だったら、全員分がそろうまでに泡が減ってしまう。なるほどと思った。うちの場合は、そんなに大勢はないから、なんとかなっている。

生ビールをおいしくお出しするには、サーバーをきれいにしておくのが大事だ。わたしは生ビールが大好きなので、最初の1杯がおいしくないと本当にがっかりする。

せんだって常連の女性ふたりが、コロナ騒動以来久々に来店。

「3年半ぶりに飲むけど、やっぱりここの生ビールはおいしいわ」

と、中ジョッキをふたりで12杯飲み、おまかせコースをしっかり食べて、酔った様子もなく帰った。そう言ってもらうとうれしいし、飲みっぷりの良さに感心してしまった。

ビール会社の人が、サーバーのメンテナンスに来てくれるのだが、
「一番大事なのは、最後に必ず機械の水通しをして、べたつきをとることです。こうすれば毎日、おいしいビールが飲めます」
と教えてくれたので、仕事が終わるとサーバーの洗浄をしてから、厨房の明かりを消す。

日本酒は5種類そろえていて、福井の大吟醸黒龍、土佐の大吟醸酔鯨、純米吟醸は新潟の鶴齢、長野の真澄、土佐の慎太郎。あとはお燗に兵庫の白鷹だが、最近は燗酒を飲む人が少なくなった。

せんだって、50代後半くらいの男性3人が来店、生ビールで乾杯してから、熱燗の注文がきた。お酒を運んでしばらくすると、カウンターに空いた徳利が寝かせてあった。昔は、空になった徳利はこうして倒しておくのが習慣みたいになっていて、宴会

のときなどはテーブルの上に、たくさん徳利がころがっていたものだ。こういうのって懐かしいなと思いながら片づけていたら、若いお客さんがふしぎそうに見ていたので、

「この徳利は空いてますよ、という合図なんです」

小声で言うと、

「そうなんですか……」

と目を丸くしていた。

お客さんの中にはメニューにある地酒を全種類制覇する人もいる。たとえば結婚記念日にご夫婦で来店。最初に生ビールで乾杯し、それから真澄を飲み、大吟醸にうつり、ほかの純米酒を飲み、最後に真澄に戻る。

お酒が変わるごとに、冷酒グラスを変えるようにしているので結構忙しいが、女性のお客さんが喜んでくれるので、いろんな色のグラスをそろえるようにしている。

この前、20年来の常連の阿部さんが、

「昔、そこにボトル棚があって、高級なウィスキーやブランデーが並んでましたねぇ」

カウンターの奥の壁を指さして言った。

「あのころは持ち込み料3000円いただけば、なんでも持ち込みOKでしたから。さすがに一升瓶はなかったですけど。自分用のグラスとかお猪口《ちょこ》を預けてく人もいましたね」

と言うと、

「通いはじめてしばらくしたら、先代の大将が、阿部さんもボトル持ってきたらって言ってくれたんです。常連って認めてもらえたみたいでうれしくて、次のときにジョニ黒を買ってきて入れたんです」

「わあ、ジョニ黒っ」

「時代を感じますよねぇ」

と顔を見合わせて笑ってしまった。

最近はハイボールがよく出るようになり、乾杯のときにハイボールをという人も多くなった。グラスに氷をたっぷり入れ、その上からウィスキーを注ぎ、よく冷えた炭酸水を泡だてないように静かに入れるとおいしいハイボールができる。昔はハイボールはほとんど出なくて水割りが多かったから、お客さんの好みが変わったのだなと思う。

甘いお酒が好きな人には梅酒のソーダ割が人気がある。常連でお酒は飲まなかったご夫婦が、暑い日にみえて、

「梅酒のソーダ割ありますか?」

奥さんが聞いたのでお出ししたら、それから毎回飲むようになり、旦那さんも、

「おいしそうだから、ぼくも飲んでみようかな」

と言って、ふたりで2杯ずつ飲むようになった。お酒が飲めないわけではなく、寿司に専念したいからお茶にしていたが、たまたま飲んだ梅酒ソーダ割が気に入ったのだという。梅酒をグラスに入れるといい香りがするから、たまにわたしも飲むことがある。

お茶ハイは昔も今も人気がある。大分の麦焼酎二階堂にお茶を注ぎ、氷を入れてよく混ぜる。氷をたくさん入れると濃い緑色が薄まってきれいな色合いになる。熱いお茶だから氷をたくさん使うが、冷めたお茶だときれいな色にならない。お茶ハイが好きなお客さんの予約とわかっているときは、氷をたくさん準備しておく。

お茶ハイをチェイサーにして土佐の地酒『慎太郎』を飲む人もいる。『慎太郎』というと石原さんですか?と聞かれるが、坂本龍馬の盟友、中岡慎太郎からとったネー

ミングで、さらりとしたおいしいお酒で、土佐の酒屋さんから取り寄せている。

このお酒は四合瓶なので、グループの場合は瓶のほうがお得だ。サービス値段の3000円でお出ししていて、徳利だと1合1000円だから1本分お得になる。『慎太郎』と、お茶ハイの苦みが合うそうだから、お酒の好みはいろいろだ。

そのほかにも白ワイン、芋焼酎などがおいてあるから、グループでみえて、最初の飲み物がそれぞれ違うときは大忙しだ。こういうときは、とりあえず瓶ビールで乾杯がありがたいなと思ったりする。

◇符丁はもう使わない？

寿司屋に嫁いだとき符丁《ふちょう》を覚えるのに苦労した。寿司屋には独特の数え方があって、1はピン、2はリャンコ、3はゲタ、4はダリ、5はメノジ、6はロンジ、7はセイナン、8はバンド、9はキワ、10はオツモ。

「山田さん、生ビール、ゲタです」

というのは生ビール3つということだ。お勘定のときも、

「ソクバン」

と言われたら1万8000円。ソクというのは1万円のことで2万8000円だったら、ノバンになる。覚えてしまったらデパートにいって服を見たときに、

「ダリバン（4万8000円）は高いわね」

「やめとこう」

などと秘密の会話ができるから便利だった。数字だけでなく、

「草をください」

と言ったら海苔のことで、海草だからそういうようになったらしい。

こんなやりとりもある。

「あんちゃんのギョクは？」

「あれはもうヤマです」

ギョクというのは玉子焼き、ヤマというのは、上り詰めた、つまりもうないという意味だ。あんちゃんというのは、弟よりも年取っているからで、古いものをいう。ヤマとかあんちゃんは飲食店共通なのか、割烹や居酒屋さんで、

「煮物、ヤマです」

などと言うのを聞くと、

（煮物は売り切れなんだ）

と思ったりする。ヤマはまだいいが、

「あんちゃんのほうを出しておいて」

などと言ったら、

（古いのを出してるな）

とわかってしまうから、使わないほうが無難だ。

ガリとかあがりはもう一般的で、お客さんが、

「あがりお願いします」

と言って、わたしが、

「はい、お茶ですね」

と言うこともある。

夫とふたりでやっているときは符丁で会話ができたが、最近は符丁を使わなくなった。というのも、二代目が入店したときのこと。夫とわたしの数字のやり取りがわからないというので、

「えっ、新小岩で習わなかったの？」

と聞くと、

「符丁は使わないから覚えなくていいって」

「覚えておくと便利よ」

「いや、べつに困らないから。ぼくは大将に、いろんな寿司屋さんに連れてってもらったけど、符丁でやり取りしてる店って、あまりなかったな」

と言う。

「なるほど、いまどきの寿司屋はそうなんだなあ」

夫は、ちょっとさびしそうだったが、そう聞くと使いづらくなり、お勘定のときは金額を書いて渡してもらうようになった。そんなわけでほとんど符丁を使わないから、はじめてみえたお客さんが、

「ナミダ巻きください」

などと言うとびっくりする。

ナミダ巻きというのはワサビ巻きのことで、ワサビをすりおろすと刺激で涙が出るから、そういうようになったそうだが、凝った符丁は使わないほうがスマートな気がする。こういうタイプの人は、

「予約の取れない○○という寿司屋は、ぼくの名前を言うと取れますよ」

とか、

「麻布に行きつけのTという寿司屋があって……」

よその店の話をすることが多い。帰ってから、ほかのお客さんが、

「ならばそこに行けばいいのにね」

「名前を言ったら断られたりして」

と笑っていることもあり、わたしと二代目は微妙な顔になる。

かんぴょう巻きは、鉄砲巻きとか木津巻きいう呼び方もある。鉄砲というのは火縄銃に似ていたから、木津巻きというのは、昔は関西の木津がかんぴょうの産地だったからだという。

醤油はムラサキ、小皿はお手塩、塩は波の花、きれいな言い方の符丁も多いが、使わないほうがいい符丁もある。というのも、若い頃にこんなことがあった。忙しさがひと段落したとき、当時いた若い衆に、

「ブンちゃん、先にシャリかんじゃえよ」

夫が言った。するとカウンターにいた常連の西林さんが、

「マスター、それはどういう意味？」

と尋ねた。

「シャリをかむっていうのは、ごはんを食べるってことです。つまり先に食事をしなさいと言ったわけなんです」

夫が言うと、

「なるほど。しかし、あんまり響きのいい言葉じゃないね」

「お客さんの前で食事というのも言いづらくて。わたしも修業中、先輩にそう言われてたんで……」

「いや、ふつうに、ごはんを食べなさいって言えばいいんじゃないの？」

「はあ」

夫は間が悪そうにうなずいた。わたしはそれまで「シャリをかむ」というのを寿司屋の符丁なんだと聞き流していたが、たしかに響きはよくないし、おいしそうな感じではない。食事をしなさいというほうが、ずっといい。なるほどと思った。夫も気づいたのか、それからはその言葉は使わなくなった。

西林さんは商社で総務部長をしていた人で、言葉づかいや礼儀作法に厳しく、若かったわたしたちにいろいろなことを教えてくれた。夫がわたしに小言を言ったら、

「お客の前で奥さんを叱るのはやめたほうがいい。叱るならだれもいないときにしなさい」

と注意してくれたし、

「接客業はきちんとひげをあたって、風呂上がりのように見えるのがベストだよ」

などと親身にアドバイスしてくれたから、ありがたかったなと思う。

二代目にこの話をしたら、

「えーっ、シャリをかむなんて言い方ははじめて聞いたな。ダサ過ぎじゃない？」

とあきれた顔で言った。

◇クールな豊洲市場

うちの店の定休日は火曜日と水曜日だ。水曜日の夕方になると、二代目から、

「明日の野菜お願いします」

というＬＩＮＥがくる。わたしは冷蔵庫の中をチェックして、

「玉子3パック、キュウリ3本、長ネギ2本……」

などと返信する。これは木曜日の朝、豊洲に仕入れに行くためだ。わたしが厨房で使うものと二代目が使うワサビ、オオバ、スダチなどと合わせて、豊洲のつま屋さんにＬＩＮＥしておく。つま屋さんというのは市場の八百屋さんのことで、刺身のつまに使うウゴ、ワカメなどを扱っていることからきたらしい。野菜やつまだけでなく果物やガリも扱っている。

前の日に連絡しておき、翌朝支払いに行けば、配送トラックが注文品をうちまで運んでくれる。いつだったか、ついでに牛肉を買ってきてほしいと書いて二代目に送ったら、つま屋さんに牛肉というのが行ってしまい、

「うちでは肉は扱ってないですよ」

と言われて大笑いしたという。

つま屋さんだけでなく魚の仕入れも、先にLINEでこういうのがほしいと仲買に連絡しておき、その中から選んで買ってくる。

築地のころは、夫は昔からの付き合いの店に行き、その場で選んで買っていた。そこで同業者と会って、世間話をするのも楽しみだったようだ。

「銀座の有名店が、うちと同じホシガレイを買ってたぞ。いくらで出すんだろう？」

などと言っていたこともある。二代目はそういうことはなしで、バイクでさっと行って帰ってくる。距離的には築地より15分くらい時間がかかるが、買い物の時間は短い。築地は屋根しかなくて建物は老朽化していた。冬は寒く夏は暑い。タバコを吸いながら買い物している人も多くて、吸い殻はポイ捨てだった。その点、豊洲は禁煙で、建物の中だから温度管理が徹底しているし新しくてきれいだ。店の人も買い物する人もマナーがよくなり、動きやすいが、こんなに近代化したのに、いまも支払いは現金だ。

「カードは使えないの？」

と聞いたら、

「ペイペイとクレジットカードを使えるところが少しあるらしいけど、ぼくが行くところは現金だけ」

と言う。最近うちの店は、カード決済が増えたのでレジに現金が入らないから、お金を準備して行く。

昔、こんなことがあった。築地に仕入れに行った夫が青ざめた顔で帰ってきた。具合でも悪いのかと思ったら、仕入れのお金が入った財布をなくしたという。その日はマグロ屋さんの支払いがあったので数十万円持って、先に白身魚や貝を仕入れ、最後にマグロ屋さんに行ったら、財布がない。

歩いてきた道を探したが見つからず、支払いは次の日にしてもらい、帰りの電車賃を借りて帰ってきたそうだ。ズボンの尻ポケットに入る小さい財布だから、すられたのかもしれない。それからは、財布は上着の内側に入れていくようになった。

わたしはまだ豊洲市場に行っていない。二代目に話を聞くだけだ。築地には休みの日に夫と買い物に行き、帰りに食事をするのが楽しみだった。おいしい日本そば屋さんとかラーメン屋さんがあったが、行きたいのはやはり寿司屋さんで、勉強のためもあって、いろんな寿司屋さんに行った。ある店で、シャリがふつうのごはんのように温かい寿司を食べた。寿司飯は炊いたあとに、団扇《うちわ》であおいで人肌くらいに冷ます。いつもそうしているので、

「ずいぶん温かいシャリね」

小声で言うと、

「忙しい店だから、次々に炊き続けて冷ます時間がないんだろう」

と夫が教えてくれた。確かに店の外に行列ができているので、パパっと食べてお勘定してもらったら3000円だという。ずいぶん安いなと思ったら、つけ台の奥に、仲買の店でよく顔を合わせる職人さんがいて、夫に気づいてサービスしてくれたのだった。

長年通った築地市場には、あちこちに夫の知り合いがいて、

「今日は奥さんといっしょか。じゃあ、これ持って行きなよ」

などとお菓子や佃煮をくれたりした。海のそばだから潮のにおいがして、港に小さい船があり、夜店みたいにごちゃごちゃしているが心の和む場所だった。そんな思い

出もあるから、わたしにとっての魚河岸はあの築地市場なのだ。

「築地と豊洲、どっちがいい?」

二代目に聞くと、

「豊洲のほうがいいね。きれいだし雰囲気がクールで買いやすい」

間髪入れずにこたえた。

海苔巻きの移り変わり

ここ数年、手巻き寿司が出なくなった。昔はネギトロ手巻きで、などという注文が多くてよく作っていたが、最近はわたしが食べるくらいだ。

よく出るのは巻きすで巻いたトロタクで、脂ののったトロをざくっと切って、刻んだ沢庵といっしょに巻く。甘じょっぱい沢庵とトロの脂が混ざり合い、意外とさっぱりしているので毎回注文する人も多い。

これを巻くのはかなり技術がいる。シャリが多いと切腹（海苔の合わせ目が割れること）するし、少ないとスカスカの巻物になる。用心深く巻くのだが、忙しいときはつい手荒になり、包丁を入れると、合わせ目が開いてしまうことがある。

（あっ、やっちゃった）

これをお客さんに出すわけにはいかないから、もう一度巻き直しだ。トロを取り出し、こんどはシャリを少なめにして、真ん中の溝を深く掘って巻く。きちんとできて、切れ目にトロのピンク色と沢庵の黄色が見えるとほっとする。

昔はトロタク巻きというのはなくて、トロ巻きかネギトロ巻きだった。いつから沢庵を入れるようになったのかわからないが、人気海苔巻きとして定着している。

せんだってトロ巻きに、刻んだワサビを入れてほしいという注文があった。これはいままで巻いたことがなくて、むずかしそうな巻物だから慎重に作った。トロと刻んだワサビの緑がきれいで、シックな感じの巻物だった。

「刻んだワサビのシャリシャリ感がおいしいんですよ」

と注文した女性が言ったから、寿司屋に通いつけている人なのだなと思った。一度食べてみようと思っているが、トロも刻みワサビも高級品なので試さずにいる。

おろしたワサビを入れたかんぴょう巻きもよく出る。これはわたしの本に出てくる海苔巻きで、常連の野上さんは、

「ワサビを4・5で巻いてください」

と言う。4・5というのは野上さん特有の言い方で、5が一番辛くてそのちょっと下の辛さだという。これは野上さんが作ったランキングだ。注文がくるとワサビの先に砂糖を少しつけて辛さをアップさせ（砂糖の酵素の作用で辛さが増す）、通常の3倍くらいのワサビを入れるからすごく辛いと思うが、野上さんは、

「うまいなあっ」

と言って連れの部下の女性にも勧め、

「おいしい……けど辛い」

というのが定番なので、女性に出す分は辛さを控えめにしている。ワサビかんぴょうは次の日に食べても、シャリにかんぴょうの甘みがしみワサビの風味も残っているから、旅行に行くときの朝ごはんによく持って行った。

最近ファンが増えたのは山ゴボウ巻きだ。これはあまりメジャーじゃなくて、知る人ぞ知る海苔巻きだ。

シャリの中央に細く切った海苔をおき、山ゴボウにかつお節とゴマをふりかけて巻くと、オレンジ色の芯が入ったかわいい巻物になる。ゴボウの周囲を海苔が囲んでいるから、ここにゴボウがありますという存在感もある。

食べるとさくっと歯ごたえがあり、かつお節のうまみもあって、後味のいい海苔巻きだ。

これとかんぴょうと梅シソ巻きを、朝ごはん用に持ち帰る人もいる。朝、お茶を飲みながら食べると、幸せな気分になるというからうれしい。

納豆巻きとかっぱ巻きは子どもが好きな海苔巻きだ。

この前貸し切りでみえた宮坂さん一家は、中学生のお兄ちゃんは、大人といっしょにおまかせコースを食べた。シンコのシーズンだったからシンコも食べて、

「中学生でシンコを食べた人は、日本中にあまりいないと思いますよ」

と二代目が言うと、照れくさそうな笑顔になった。

小学生の弟さんふたりは、かっぱ巻きと納豆巻きを2本ずつ食べて、おなかがいっぱいという。うちの納豆巻きは味つけに味噌を使っているから、納豆が流れないし、まろやかな味になる。ネギもオオバも入れないシンプルな納豆巻きだ。

「納豆巻きおいしかった」

「ぼくはかっぱ巻きおいしかった」

と、ふたりで言ってくれた。


大人のお客さんの中にも納豆巻きが好きな人がいて、

「おかみさんの納豆巻きを食べないと帰れない」

と言ってくれる。大人用にはネギとオオバを入れて巻く。包丁もまな板もべたつく

が、おいしいと言ってくれるお客さんがいるから、メニューからはずせない。

そういえば鉄火巻きがほとんど出なくなった。赤身のマグロの海苔巻きだが、最近巻いた覚えがない。昔はよく出たし、麻雀店からの出前にも、よく、

「鉄火巻き4人前」

という注文がきた。一度、4人前を大きい器に盛りつけて届けたら、

「麻雀しながら食べるんだから、別々にしなくちゃ食べづらいだろ」

と叱られたことがあったので、必ず別盛にするようになった。

鉄火巻きは鉄火場で食べたというのが名前の由来というから、麻雀店で人気があったようだ。

二代目に、

「最近鉄火巻きが出ないわね」

と言ったら、

「あまりインパクトがないのかな。マグロの赤身が余ってるし。これお母さんの晩酌にして」

とマグロをくれたので、晩酌のつまみは鉄火巻きにした。赤身だけど脂がのってい

て、シャリとよく合い、ワサビがきいておいしい海苔巻きだったから、

「ぜいたくなつまみだわ」

とつぶやいた。


海苔巻きといえば、昔、月に一度商店街のサービスデーがあり、うちでは海苔巻き半額セールをやっていた。持ち帰りのみだったが、どこからこんなに人が?と思うくらい注文がきた。

昼から夕方の5時までで、シャリはずっと炊きどおしで5本（一斗）くらい出た。ただし、トロ巻きはセールの対象外だった。


準備で朝から働いて、山ほど海苔巻きを巻いてようやくセールが終わったら、近所の不動産会社の人たちが来た。

「疲れた顔してどうした?」

というので半額セールの話をしたら、

「それはご苦労さんでした」

と笑って、刺身の盛り合わせや寿司をたくさん注文してくれた。あとで計算したら、

その人たちのお勘定のほうが、昼間の海苔巻きセールの売り上げよりずっと高かった。

「えーっ、納得できない」

と言うわたしに、夫が言った。

「商店街の付き合いもあるし、それに海苔巻きのほうが利益率は高いんだ」

数年後、商店街のサービスデーはなくなった。きつい仕事だったが、半額セールは、海苔巻きの腕を磨くには役立ったような気がする。

わたしのひとり晩酌のつまみ

夫が亡くなって5年が過ぎ、ひとりで晩酌するのにも慣れて、

(今日はなにをつまみにしようかな)

と思いながら、仕事をすることが多い。

うちの食事時間は朝ごはんが11時ころ。二代目が魚河岸から帰ってひと通り仕込みが終わり、魚や野菜を積んだトラックが来る前の時間だ。朝ごはんが遅いから、二代目は昼は食べない。わたしは夕方、トーストと牛乳を食べるだけなので、夜になるとおなかが空いてくる。


気にいっているラインナップはこんな感じだ。

◆ネギおかか巻き

ネギおかか巻きというのは、刻んだ長ネギとかつお節を巻いた海苔巻きだ。常連の高間さん夫妻は必ずこれを2本注文する。ふたりの前には中トロ、蝦夷《えぞ》粒貝、白身、

イカなどののった豪華な刺し盛りがあるのだが、シンプルなネギおかか巻きを食べるのが楽しみで、

「これって、よそで食べてもおいしくないんですよ」

奥さんがきれいな笑顔で言ってくれる。

◆ミニチラシ

残ったシャリを小鉢に入れて海苔をかけ、そこに小さく切った玉子焼き、シイタケ、かんぴょう、ゲソにツメをつけたのをのせ、おぼろと芽ネギをちらしたちらし寿司だが、全体に甘めで疲れたときにいやされる。つまみというよりは食事だが、これがビールによく合う。

◆マグロのヅケ巻き

二代目が、「これ食べて」と、ときどきくれるヅケマグロを海苔巻きにして食べる。ワサビをきかせると、うまみが口に広がる。

◆メヒカリのから揚げ

メヒカリをから揚げにするとビールによく合って、頭からしっぽまで全部食べられるから、骨粗しょう症の予防のためにもときどき食べている。食べると、体が元気に

なったような気がする。

◆ゲソの酢の物

残ったゲソを茹でて、キュウリとワカメの酢の物にする。酢味噌和えにすることもあり、白イカのゲソがおいしい。

◆稲荷寿司

ときどき無性に稲荷寿司が食べたくなるので、パックに入った『みすず　おいなりさん』を常備してある。この稲荷揚げが程よい甘さでいちばんおいしい。

残ったシャリにゴマをふり、寿司より少し大きいくらいの握りを作って、稲荷揚げに詰めて食べる。握りの作り方は夫に教えてもらったので、いい形の握りができる。

◆玉子サンド

茹で卵を2個作っておき細かくつぶしてマヨネーズと辛子と刻んだ玉ネギを少し入れて和える。やわらかいパンにバターと辛子を塗り、トマトと玉子を入れてサンドイッチにしておく。これが厨房の隅においてあると、早く食べたいなとわくわくする。辛子のきいたサンドイッチを食べると、

（トマトの入ったサンドイッチ、お父さんが好きだったな）

と思いながら、ビールを飲み干す。

◆**お好み焼き**

お客さんからいただいた『おはなはん』という会社のお好み焼きがおいしくて、ネットで取り寄せている。大きめのカップに具材が入っていて、刻んだキャベツが真空パックになっているから包丁を使う必要もないし、生卵も入っている。これを全部混ぜてフライパンで焼けばできあがりだ。あまり粉ものに関心がなかったのだが、食べたらおいしいのでびっくりした。キャベツはさくさくしているし、粉ものだけど、もたれない。これを関西在住の人に言ったら、

「大阪じゃ、そういうの、スーパーでふつうに売ってますよ」

とのことだった。

◆**ホタテとホッキ貝のミックス焼き**

貝が残るとわたしに回ってくる。ホタテもホッキも少しずつだから、殻に入れて焼き、醤油を少々落として食べると、貝のうま身がミックスしてなんとも濃厚な味になる。

◆**ノレソレ、白魚、生シラス**

季節感のあるお通しだが日持ちしないので、残るとわたしに回ってくる。ノレソレはアナゴの稚魚でつるりとしていて淡白な味だ。白魚は透き通ったきれいな姿だ。これを見ると春だなと思う。生シラスはめったに入らないが、ショウガ醤油で食べるとおいしい。

◆ひとり鍋

スーパーで売っているひとり用の寄せ鍋セットを買って、そこに野菜とイカ、残ったハマグリなどを入れた寄せ鍋を冬に作る。貝のいい味が出て、コクのあるおいしい鍋になる。夫がいたころは鍋セットは買ったことがなくて全部手作りだった。締めに『十勝大福本舗』の高間さんから頂いた、お餅を入れて食べるのが定番だ。このお餅は市販してなくて、年末に高間さんが送ってくれる特別なもので、いままでこんなお餅食べたことがないというくらい、やわらかくておいしい。

寿司屋のおいしい名脇役

◇令和5年のツメ

3年ぶりにツメを煮た。ツメというのはアナゴの煮汁を煮詰めて、味つけしたもので寿司屋には欠かせないものだ。仕込みのとき、アナゴを煮たあとの汁を5分の1くらいまで煮詰め、それをパックに入れて冷凍しておく。アナゴは週に2〜3回煮るからかなりの量になる。そして、使っているツメが残り少なくなってきたら、

「そろそろやりますか」

ということになる。いまのツメは夫が亡くなってから作ったものだ。それまでツメは夫が担当していたので、二代目とわたしは夫が残したレシピを見て作った。

今回は二度目だ。冷凍庫にしまっておいたアナゴの煮汁はパックに10個あった。アナゴの煮汁は季節によって、脂があったりさらりとしてたり、ずいぶん違う。夏は長物がうまいといい（ウナギ、ハモなど）アナゴも脂がのっている。だから煮汁に脂があるのを見ると、

（これは夏のだ）

とわかる。煮汁は、アナゴのゼラチン質でコーヒーゼリーのようにかたまって弾力性がある。と、奥からひと箱、煮汁ではないのが出てきた。霜を払って見たら、蓋に、「お父さんのツメ　永久保存」と書いたラベルが貼ってあった。5年前に亡くなった夫が作った最後のツメだった。いつの間にか、こんなに奥に押しやられていたのだ。

夫が作ってからもう7年くらいたつ。マイナス45度で保存したのだから、使えるけれど、これはずっと保存しておかなくてはと思った。

ふと、これを煮ていた夫の姿が目に浮かんできた。ツメを作るときはすごくはりきって、昼過ぎから取りかかり、夕方の開店時間までかかりきりだった。焦がしたら取り返しがつかないので、長いへらで鍋をかき回しながら、煮詰まるのを待っていた。

「めんどくさい仕事だなあ」

と言いながら楽しそうだったから、ツメを作るのが好きだったのだろう。ときたまわたしが交代して鍋をかき回したが、焦がさないように、慎重にへらを動かした。

そんなことを思いながら冷凍庫の前にいたら、

「どうしたの?」

二代目が声をかけた。

「これ、お父さんのツメよ」

パックを見せると、

「ああ、懐かしいね」

「また、しまっておかなくちゃ」

「そうだね」

わたしは冷たい蓋をなでて霜をよく払い、冷凍庫の奥に入れた。

それからツメ作りがはじまった。その日は予約が少なかったのでちょうどいい。こういうときに、かんぴょうを煮たりツメを作ったりするのだ。

夕方、鍋に煮汁を入れ終わってから、味つけの打ち合わせをした。

「わたしは、もう少し甘いほうがいいと思うのよ。最初はいいと思ったんだけど、使っているうちに、ちょっと甘さがたらないような気がして」

「じゃあ、少し甘めにしよう」

ということになった。煮汁の量が前回よりも少ないので、調味料の分量を見直し、
ザラメ　５００グラム
白砂糖　４００グラム

味醂　１６０ミリリットル
酒　３００ミリリットル
レシピをノートに書き留めた。次のときの参考にするためだ。

煮汁は鍋に溶けて、おいしそうな香りが厨房に漂ってきた。アナゴを煮詰めた汁だから、濃い香りがする。二代目は開店準備にかかっているので、わたしが鍋の番人だ。あくが浮かんできたら取り、また鍋底をかき交ぜる。なんども繰り返すうちに煮汁の量が減ってくる。色が濃くなり、だんだんツメらしくなってきた。あくが出なくなったら、調味料を入れてまたかき混ぜる。

ときどき二代目と交代しながら煮続けていると、予約のお客さんがみえた。その日は常連さんが１組だけだったから気が楽だ。

「お店の外までいいにおいがするけど」

お客さんが言ったので、

「アナゴにつけるたれを煮てるんです」

と説明した。

煮はじめて4時間近くが過ぎ、お客さんが帰ったあと、ようやく新しいツメができた。火を消すと、二代目が味見のためのアナゴの握りを持ってきた。できたてのツメを塗って食べると、前のよりも甘みがあり、わたしの好きな味になっている。好きな味というのは、夫が作っていたツメの味だ。

「おいしいわ」

「うん、いい感じだね」

レシピを変えたから心配だったけれど、おいしく仕上がったのでほっとした。このツメは何年持つだろうと思ったら、二代目が、

「いまアナゴはツメとネギ醤油と、半々で出てるから、ツメはあまり減らないよね」

と言った。アナゴの食べ方も変化している。次にツメを煮るのは、だいぶ先になるかもしれない。

◇ 煮切り醤油とヅケ丼

知り合いの女性が居酒屋さんを開くときに、ランチにヅケ丼を出したいので、煮切り醤油の作り方を教えてほしいと頼まれた。

「じゃあ、煮切り醤油を分けてあげますよ」

わたしが言うと、

「ええっ、いいんですか？」

「これを元にして自分の店の味を作ってください」

と、煮切り醤油を３００ミリリットルほど、パックに入れてあげた。

それからも、ときどき寿司を食べに来てくれて、

「ヅケ丼が、ランチで人気なんです」

というのでどんなヅケ丼なのか聞いてみた。マグロは築地に仕入れに行き、手ごろな値段の赤身を柵で買ってくるという。それを煮切り醤油に漬けて味をなじませておく。ランチの注文がきたら切ってごはんにのせ、周りを錦糸卵で囲み、マグロの上に

万能ネギの刻んだのと海苔をちらす。これにシジミの味噌汁と漬物に切り干し大根などの小鉢をそえて900円だというから良心的だ。

「手早くできるしヘルシーだからって、ランチタイムはよく出ます」

「人気があってよかったわね」

「いただいた煮切り醤油のおかげです。あれから醤油をつぎ足していったので量も増えました」

週に一度、きちんと火入れしているという。

煮切り醤油にマグロを漬け込むうちに、マグロのうまみがしみ出して、深みのある味わいになり、醤油がとろりとしてくる。彼女の煮切り醤油もどんどんいい味になるだろう。

うちの煮切り醤油も、週に一度火入れしている。火入れするときは、醤油と酒をつぎ足して沸騰させ、そこにかつお節をひとつかみ入れて火を止める。冷めたら店で使う分をパックに小分けし、あとは大きな入れ物に入れて冷蔵庫の奥にしまっておく。

せんだって、二代目が、

「煮切りの塩分が少し強いみたいだね」

というので、火入れのとき、醤油の量はそのままで、酒をやや多めにして煮立ててみた。そこにかつお節をひとつかみ入れ、冷まして味見したら程よい濃さになった。長年使っていると塩分が強くなるので、ときどき味を直すようにしている。

火入れするのは休み前の日と決めている。

煮切り醤油を火入れしていると、店の中にクッキーを焼くような甘い香りが漂う。長年つぎ足した、醤油と酒とかつお節が醸《かも》し出す香りと、大トロをザクっと切って煮切り醤油に漬け込むこともあるから、トロのうまみがしみ出して濃厚な香りになるのだろう。

最近は、寿司に煮切り醤油を塗って、

「このまま召し上がってください」

と言うようになり、煮切り醤油の出番が増えた。この煮切り醤油をこぼしたりしたらえらいことなので、念のため500ミリリットルほど冷凍保存してある。

家庭で煮切り醤油を作るには、醤油200ミリリットル、酒50ミリリットル、かつお節ひとつかみ、昆布1片が基本の分量だ。これがあるとお刺身が残ったときに、刺身を小皿に入れて、煮切り醤油をひたひたよりやや少なめにしてかけて冷蔵庫にしまう。翌朝、これを炊きたてごはんにのせて海苔をちらし、ワサビを添えて食べると食欲がないときでも食べられる。

また、スーパーで刺身の安売りのときなどに多めに買って、煮切り醤油に漬けてヅケ丼を作れば、おいしくて手軽なごはんになる。マグロだけでなく白身やイカも混ぜると楽しい。

わたしがときどき食べるヅケ丼は、マグロの赤身、トロの切れ端、イカの耳などの残り物を煮切り醤油に5分くらい漬けておき、丼に炊きたてごはんをよそい、海苔をたっぷりちらす。海苔は海苔巻きに使えない切れ端だ。

そして海苔の上にヅケを並べる。イカもトロも茶色くなり、全体が暗色なので、玉子焼きの切れ端を周りに並べる。こうすると丼の上が華やかになるのだ。そしてヅケの上には水気を切った大根おろしと万能ネギをちらし、ワサビを添えればできあがりだ。

温かいごはんにひんやりしたヅケがよく合い、玉子焼きがやさしい味わいで、ワサビの辛みが食欲をそそる。大根おろしには、少し煮切り醤油をかけておく。大根おろしは消化にいいしワサビの辛みとよく合う。ワサビは、本ワサビをすりおろしたものだから、残りものばかりのヅケ丼の中で、これが一番ぜいたくかもしれない。

　こんなヅケ丼を食べると、煮切り醤油のうまさがよくわかる。そして昔よりも練れてまろやかになっているなと実感する。

玉子焼きは寿司ネタの優等生

昔は玉子焼きは築地の専門店から仕入れていた。

玉子焼きの数え方は1本、2本といい、暮れになると正月の出前用の玉子焼きを仕入れる。夫がつけていた仕入れノートを見ると、昭和56年の12月30日に正月用に25本仕入れと書いてあり、正月明けにはすっかりなくなっている。1本でにぎりが12〜13貫とれるから、どれだけ出前が多かったかわかる。当時の玉子焼き1本の値段は400円と書いてあった。

玉子焼きを自家製に切り替えたのは嫁いで10年くらいたってからだ。お客さんに、なんで自分の店で焼かないの？　玉子焼きでその店の味がわかるって、昔からいうでしょと言われ、じゃあ自分で焼いてみようと思い、試行錯誤しながら焼きはじめた。

数年前まで、21センチ四方の大きい玉子焼き器を使っていた。これで焼くと魚河岸の玉子焼きと同じサイズになる。長年使ってきたので、油もしみこんで使いやすかったが、あるとき事故がおきた。焼き器の持ち手がこわれて、玉子焼きをひっくり返そうとしたら柄がはずれ、半熟の玉子焼きが左の手首にのってしまった。

あまりの熱さに悲鳴を上げそうになったが、ぐっとこらえ、氷で手首を冷やしながら、玉子焼き器の柄を差し込んで焼き直した。火傷のあとがひと月くらい消えなかったから、右手でなくてよかったと思った。それからしばらく、玉子焼きを焼くのが怖くなった。

いまの玉子焼き器は15センチ四方で、やや小さめだ。このほうが軽くて持ちやすい。火傷に懲りて持ち手を確認しながら使っている。

いまはおまかせコースのお客さんが多いので、玉子焼きの出番は、つまみがひととおり終わってからだ。以前は早めにお出ししていたのだが、二代目に、

「玉子焼きは、つまみが終わったころにしてほしい」

と言われた。

コースの最初に卵の黄身をのせた月見イワシが出るから、玉子が重なってしまうので、玉子焼きは後半のほうがいいという。それもそうだと思い、握りに入る前に焼いて、箸休めの感じで熱々をお出しすることにした。

せんだって、ご夫婦でみえたお客さんが、

「ぼくは、玉子焼きはもう少し甘いほうがいいな……」

「あら、わたしはこのくらいがちょうどいいわ」

と話していた。うちの玉子焼きは平均的な甘さだと思うが、こってり甘いのが好きな人もいるからいろいろだなと思った。季節によって鶏卵の大きさがほんの少し異なるので、砂糖の量を調整している。

長年焼いていても、たまに失敗することがある。先日、玉子焼きを半分まで焼いたとき、お酒の注文が入った。お酒を運んで厨房に戻ったら、玉子焼きがこげている。これでは使えないので、半分残った玉子焼きの汁でハーフを焼き、4人グループのお客さんにお出しした。焼きたてだから、

「わあ、おいしそう」

と歓声が上がったが、二代目はけげんそうだ。

「全員に出してほしいんだけど」

厨房に来て言うので、

「半分、こがしちゃったのよ」

「えっ珍しいね。そんなことあるんだ」

「すぐ残りの分焼くから」

そのあとすぐに、ハーフを焼いた。

ハーフ玉子焼きの基本レシピは、
玉子5個、砂糖30グラム、塩少々、醤油少々　かつおだし100ミリリットル。

細かく書くと、玉子は1人1個、砂糖6グラム、塩と醤油少々、だし汁20ミリリットルで、これを目安にして焼くようにしている。家庭で作るときは、この分量でおいしいだし巻き卵ができる。

玉子焼きを焦がすと、せっかく作っただし汁も、値上がりしている鶏卵も焼く手間も無駄になる。もったいないから、焼くときのタイミングをよく見て焼かなくてはと思うのだが、たまにやらかしてしまうから情けない。


昔はメニューに『のり玉』というのがあった。かんぴょう巻き1本半（いま思うと、ずいぶん細かい）に玉子焼きの握りが4貫入って400円くらいだった。半本巻くのは、海苔を半分に切ってシャリも具材も半分でちょこちょこっと巻く。けっこう面倒な仕事なので、

「ちょっと値上げして、海苔巻きを2本入れたらどうかしら?」

と夫に言ったら、

「だめだ。昔からそう決まっている」

そっけなく言われた。

「それは誰が決めたの?」さらに聞いたら、うるさいっと怒られた。

『のり玉』は近所に住んでいた有名歌手のお宅に、特上寿司といっしょによく出前をした。その方が『のり玉』が大好きだったそうで、亡くなったときにも、お通夜に握り寿司といっしょに注文があった。

玉子焼きは昔、魚河岸から1本400円で仕入れていたと書いた。いま、わたしが焼く玉子焼き1本の原価を計算すると500円くらいだから、焼く手間を入れても、そんなに値段は変わってない。寿司ネタの優等生だ。

◇かんぴょうの味つけの移り変わり

煮あがったばかりのかんぴょうを食べると、甘じょっぽい味の奥にかすかな酸味がある。かんぴょうはユウガオという瓜から作るからだ。

かんぴょうを煮るのは、手間がかかる。かんぴょうを袋から出すと、鼻につんとくる硫黄《いおう》のようなにおいがあるが、これは、二酸化硫黄という昔から使われている薬剤で防虫、防カビ、変色防止などに役立つという。

乾燥した250グラムのかんぴょうを海苔巻きに使う長さに切りそろえ、ぬるま湯でよく洗って薬剤を落とす。においがなくなったら、鍋で1時間くらい茹でる。茹で加減をみるには、かんぴょうを取り出して爪の先で押してみる。かんぴょうに爪が入るようになればOKだ。それをざるに上げ、熱いうちに絞って水気をとる。

味つけは、濃口醤油200ミリリットル、ザラメ250グラムを入れて煮立たせてザラメを溶かす。そこによく絞ったかんぴょうを入れて、かき混ぜながら味をしみこませ、全体に色がなじんだら味醂を入れてひと煮立ちさせれば完成だ。

これを冷ますために盆ざるに広げると、甘くて濃い香りが漂う。お客さんがいるときはできたてをお出しすると、

「わあ、はじめて食べます」

と喜んでくれて、お酒の追加がきたりする。

昔のかんぴょうは、いまよりずっと味が濃かった。というのも一度に1キロ煮て、冷蔵庫にしまっておくので、傷まないように佃煮のような濃い味つけにしていたのだ。そのころは、ヤマサの新味醤油で煮ていたが、この醤油は色が薄いので、色をしっかりつけようとすると塩分が強くなる。水分を抜いたかんぴょうを、ザラメと醤油だけで味つけするから、冷蔵庫に入れておけばかなり日持ちがした。

あるとき夫の両親が町会の会合に行き、海苔巻きの折り詰めを持ち帰ってきた。それは昼間、うちが配達した折り詰めだった。

折り詰めは作るが食べる機会はない。昼間巻いた海苔巻きが、夜にはどんな味になっているか知りたかったから、わたしも食べてみた。海苔巻きはきれいにならび、海苔もつややかでいい香りがする。食べると、シャリにかんぴょうの甘じょっぱい味がしみこんでいておいしかったが、しばらくしたらのどがかわいてきた。1人前のシャ

りには塩が約1・5グラム入っている。そこに醤油のしみこんだかんぴょうが入るから、のどが渇くのは当然だ。これは味が濃過ぎるのではと思ったが、調味料の分量は決まっていると夫が言う。

出前が多い頃はこれでよかったが、コンビニやファミレスができて出前が減ってくると、かんぴょうが余ってかびてしまったりする。そこで煮る量を減らし、醤油も濃口に変えることにした。これだといい色がつくが、多量に使わずに済む。ザラメの量は変えず醤油を少なめで煮ると、やわらかな味のかんぴょうになった。

これを小分けにして、マイナス45度の冷凍庫に保存する。昔はいい冷凍庫がなかったから、佃煮のような濃い味にしていたのだろう。塩分制限なんて、あまり気にしていなかったころだ。

せんだって、25年ぶりだというお客さんがみえて、

「昔、知り合いの人に連れてきてもらったんですが、ここのかんぴょう巻きを食べて、かんぴょうってこんなにやわらかくておいしいんだって、びっくりしたんですよ」

と言った。男性は40代半ばくらいだから学生時代に来たらしい。ほかのものは覚えてないが、かんぴょうの味が忘れられないというので、最後にお出しすると、

「このふっくらしたやわらかさは変わらないですねぇ」

かんぴょう巻きをかみしめて言った。

「味つけは少し塩分控えめになりましたが、かんぴょうは栃木のものをずっと使っています」

「なるほど、時代とともに味つけも変わるんですね。でもすごくおいしいです」

お客さんは満足そうに言ってくれた。こういう根強いファンがいてくれると、手間がかかっても自分で煮なくてはと思う。

太巻きの具にかんぴょうは欠かせない。しばらく前のこと、常連さんに太巻きのお土産を頼まれた。その日は忙しかったので大急ぎで巻いて、切り口を見たらなんだかおかしい。よく見ると、かんぴょうが入ってなかった。巻き直ししなくてはと思ったが、シャリが残り少ない。太巻きにはシャリをたくさん使うから（具も入れて1本500グラムある）とても無理だ。でも細巻ならできるので、

「すみません、太巻きにかんぴょうを入れ忘れたので、お詫びにかんぴょう巻きを1本入れておきますので……」

と言うと、お客さんが、

「いいですよ。なんだか得したみたいだわ」

笑顔で言ってくれたのでほっとした。数日後、かんぴょうを入れない太巻きを巻いて食べてみた。いろんな具材が入っているので、それほど変わらない感じがしたけれど、かんぴょうのじわっと奥深い味がない。やっぱり地味だけど存在感があるのだなと思った。

◇シイタケを煮る

太巻きにはシイタケを入れる。昔は煮てあるシイタケを使っていたが、甘過ぎるし、シイタケが薄っぺらだ。せっかくおいしいアナゴやかんぴょうを入れて巻くのに、シイタケがおいしくなくてはもったいないから、シイタケも煮ることにした。

築地の乾物屋さんで乾燥シイタケのどんこを買ってきてもらい、流水で汚れを落とし、ぬるま湯に浸けて、やわらかくなったら軸を切り落とす。どんこというのはシイタケが完全に開く前に収穫して干したもので、傘が開いたシイタケの香信《こうしん》よりも値段が高い。そのぶん、肉厚で香りがよく歯ごたえがある。

浸けておいた汁はシイタケのうまみが出ているので濾《こ》して、鍋に入れて煮立たせる。そこにザラメと濃口醤油を入れ、煮立ったらシイタケを投入する。落とし蓋をしてコトコト煮て、煮汁が少なくなったら汁の味見をする。薄かったら醤油を足し、しっかり味つけする。煮汁がなくなりそうになったときに味醂をかけまわして、火力を強くしてアルコールを飛ばしてから火を止めて、冷めるまで鍋に入れておき味をしみこませる。煮あがるまで小1時間かかる。

こうして煮あがったシイタケは、つやつやしていかにもおいしそうだ。味見に、はじっこを少し切って食べてみる。甘じょっぱくて歯ごたえがあり、中までしっかり味がついている。これなら太巻きの中で、かんぴょうに負けない存在感になる。

シイタケを戻すとき注意しなくてはならないことがある。最初のころ、昼間、シイタケをぬるま湯に浸けて部屋にあがり、夕方おりてきたら店がガス臭い。あわててガス栓を確認したがちゃんとしまっている。おかしいなと思ったら、シイタケを浸けた汁から出るにおいだった。こんなに強いにおいがするとは思わなかったのでびっくりした。換気扇を回しても消えなくて、そのうちお客さんが来て、

「ちょっとガス臭くない？」

と言われ、

「すいません、シイタケを戻してて、ガスじゃないんです」

と謝ったことがある。

いまはもうシイタケを煮るのにも慣れて、醤油もザラメも目分量だ。細かく煮るのは面倒なので、2袋ずつ煮てマイナス45度の冷凍庫に入れておく。40個くらいあるか

ら安心だ。平たいパックに、黒くて丸いシイタケをひとつずつ並べると、なんだかかわいい。これを太巻きの注文のときに、解凍して使う。

わたしがシイタケを煮るのを見て、二代目が、

「それのレシピは？」

と聞いた。

「レシピはないの。わたしの勘よ」

「へえ、そうなんだ……」

と驚いた顔になった。かんぴょうを煮るためのザラメや醤油の分量が、厨房に貼ってあるから、シイタケも同じようにレシピがあると思ったらしい。

シイタケは太巻きに使うだけでなく、わたしの晩酌のときのミニちらしに細かく刻んでのせることもある。どんこだから身が厚く、噛むとじわっと甘みが出て、自己流の煮方でもおいしくできる。でも、そのうち二代目が煮なくてはならないときがくるから、醤油やザラメの分量をきちんと量って書いておかなくてはと思った。

海苔の話

海苔とお茶は開店以来ずっと、築地の金子海苔店で仕入れている。昔は新海苔のシーズンになると、夫が修業した店に先輩たちと集合して、金子海苔店から届いた海苔の見本を並べ、色、つや、厚み、味などを見て選んでいた。寿司職人が集まって、海苔の品評会って楽しそうだなと思った記憶がある。

海苔が決まると、しばらくして大きな段ボール箱が届く。箱には湿気止めのアルミ箔が張ってあり、100枚ずつのパックがぎっしり入っている。昔の仕入れノートに、海苔3000枚と書いてあった。こんなにたくさんの海苔を1年で?と思ったが、昔は出前が多かったし、町内会の会合などで、海苔巻きの折り詰め300個などと大量の注文がきたから使い切ったのだろう。

海苔は全形で届くから、海苔巻き用に半切りにする。といっても3000枚全部切るわけではなく、3パックくらいずつだ。切り方は、海苔数十枚を軽く半分に折って、その真ん中に包丁を入れる。夫が長い刺身包丁を引くと、ざくっといい音がして、切

れ目がまっすぐな半切り海苔になる。おもしろそうなのでわたしもチャレンジしたことがあるが、切れ目が斜めになり、

「へたくそだなあ。これは海苔巻きに使えないからバンドにするか」

と言われてしまった。ちなみにバンドとは、ウニとかイクラなどの軍艦巻き用の細く切った海苔のことだ。寿司屋全体の符丁かと思っていたが、よその寿司屋さんでは使わないと聞いたので、夫が修業した店だけの言い方かもしれない。

半切りにした海苔は乾燥剤の入った茶箱にしまい、その日使う分だけを海苔缶に移す。こうして分けておかないと、湿気って使い物にならなくなってしまうからだ。いまは出前をしないので、大箱ではなく2~3パックくらいずつ仕入れている。


おまかせコースの中に、平貝《たいらがい》の磯部《いそべ》焼きというつまみがある。これは、平貝を薄く切って、煮切り醤油に2~3分くらい漬けてからバーナーで軽く炙り、パリパリの海苔にのせてお出しするものだ。

「平貝の磯部焼きです。海苔を巻いて召し上がってください」

二代目が言うと、

「平貝って？」

と聞かれることが多い。

「これはタイラギとも呼ばれていて、殻は黒くて大きな二枚貝で、貝の中でも高級なものなんです。これはその貝柱なんですよ」

「これが貝柱？」

と、お客さんが目を丸くする。海苔を巻いて食べると、貝のうまみと煮切り醤油と海苔の香ばしさが加わるから深い味わいになり、

「おいしいですねえ」

とお客さんの顔がほころぶ。平貝は貝の中でいちばん、海苔と相性がいいそうだ。

せんだってみえたお客さんは、磯辺焼きを食べてから、

「あのう、海苔だけもらってもいいですか。この海苔がすごくおいしいので、つまみにしたいんですが」

と言ったので、海苔を四つ切りにして、おろしたてのワサビも添えてお出しした。

するとお客さんは、

「ワサビもくださいって言おうと思ったけど、ぼく、一見だから遠慮したんですよ」

といって海苔にワサビをのせて、くるりと巻き、

「うまい。この海苔をつまみにしてお酒を飲める」

と言ってぱくりと食べた。それを見たら、手巻き寿司を思い出した。

昔は、

「ネギトロを手巻きでください」

などという注文が多かった。巻きすで巻くよりもシャリの量が少ないので、仕上げにちょうどよかったのだろう。ウニ巻き、イクラ巻き、さっぱりした梅シソ巻き、納豆巻きも人気があって、海苔巻き担当のわたしはよく巻いていた。

手巻き寿司の巻き方はシンプルだ。シャリは軽くとって海苔の上に斜めにのばし、そこにネタをおいてくるりと巻くと花束のような手巻き寿司ができる。手早くできるので、手巻きはありがたかった。納豆巻きを巻きすで巻くと、巻きすも包丁もねばりがついてしまう。使った巻きすはよく洗って乾かさないと、ほかの海苔巻きに使えない。手巻き寿司のほうが楽だったが、ここ数年、ほとんど注文がなくなった。家庭でも簡単にできるから、寿司屋では食べなくなったのかもしれない。

手巻き寿司は、巻きすの海苔巻きよりシャリが少ないし、ネタもやや少ないような

気がしたので、

「ふつうの海苔巻きと手巻きの値段は同じなの？」

夫に聞いたら、

「手巻きでも巻きすでも、海苔巻き1本に変わりはないよ」

とのことだったが、巻きすのほうがお得のような気がした。


わたしは小腹がすいたとき、厨房で手巻き寿司を食べることがある。パリパリの海苔にシャリ少々。中身は、たたいた梅干しにゴマとか、アナゴの切れ端にキュウリ、トロの切れ端、時にはネギとかつお節などのありあわせだが、いつ食べてもおいしいし、手間がかからない。

（もう1本食べようか。いや、シャリが足りなくなるといけないからやめておこう……）

と、おひつに伸ばした手を引っ込めたりする。

◇シャリ炊きの水加減

50年近くシャリを炊いていても、水加減を間違えたり、タイマーをセットし忘れて焦がしてしまうことがたまにある。時間に余裕があるときはまだいいが、お客さんがもうじきみえる。しかもその人がすぐに握りだなんていうときは、真っ青だ。シャリは、研《と》いですぐに炊くものではなくて、30分は水に浸けておかなくてはならない。わあ、どうしようと焦るが、とにかく準備しておき、お客さんがみえたら、

「すみません、じきにシャリができあがります」

とシシャモのから揚げなどお出しして、待っていただいたりする。炊きあがったシャリは団扇であおいで人肌に冷まし、ようやくつけ台の中に行く。そこでほっとひと息ついて、

（あーなんで間違えたんだろう。水加減ちゃんと見たはずなのに……）

と反省したり、自分に言い訳したりする。

季節によって水加減が微妙に変わる。冬になると米が乾燥して割れやすくなるよう

で、12月に入ると水加減に注意し、変だなと思うときは仕入れている米屋さんに電話してみる。

「乾燥しているときは、割れやすくなるので、水をざあざあかけないで、そっと研いでください」

とアドバイスされることもある。米は富山のものを使っていて、これは寿司米に向いているようだ。

土釜で予約の人数分炊くのだが、ふたりで1合、カウンターに8人だったら4合が目安だ。炊きあがったごはんはつやつや光り、

「わあ、いいシャリ！」

思わず声が出る。失敗したときはつやがなくて白っぽく、やる気のない様子だし、火加減を間違えて焦がしたときは、ごはんの中央が黄色くなっていて焦げ臭い。

「やってしまった……」

泣きそうになるが気を取り直し、釜を洗わなくては次が炊けない。小さい釜もあるが、やはり6合炊きの釜で、5合か4合炊くほうがいい。6合釜で6合を炊くと、どうもできあがりがよくないような気がする。釜に余裕がないせいかもしれない。とに

かく失敗したらいやなので釜には注意している。

太巻きの注文が何本もあるときは土釜をふたつ使って炊く。太巻き1本に1合近くのシャリを使うからだ。

嫁いできたころ、近所に老舗の寿司屋さんがあって、シャリ炊き専門のおばあさんがいた。背中は丸かったが元気な人で、若い衆を叱咤《しった》して店を仕切っていた。うちの店が開店したとき、その人が、

「まあ、がんばってやってよ。1日にシャリが2本出ればなんとかなるからね」

と夫に言ったそうで、負けず嫌いの夫は、

「くそっ、いまに見てろ」

と奥歯をかみしめたという。

それから数年後、その老舗は閉店してしまった。

シャリ1本は2升のことをいう。その頃は出前が多かったから3回くらいは追加していた。当時のシャリ炊きを思い返すと、3升炊きのガス炊飯器で2升炊いていたから、やはり釜には余裕が必要なのだろう。当時は炊く前に水に浸けておくことはせず、

研いですぐ火をつけていた。火加減は自分で調節する炊飯器だったが、いいシャリが炊けていた。

前によその寿司屋さんが来て、わたしが米を研いで、すぐ火にかけると言ったら、

「ざるにあげておかないんですか。うちは炊く30分前に研いで、ざるにあげてそれから炊くけど」

というから、店によっていろいろな炊き方があるのだなと思った。

出前をしなくなってから、シャリの量はだんだん減って、いまの状態になった。

寿司屋の脇役

脇役だけれど重要なものがある。最初に浮かぶのはガリだ。店によってガリの味が違い、手作りしているところもあるが、うちは豊洲市場から仕入れてる。国産のショウガを使っているから味がいい。1枚ずつが大きくて、着色してない自然な味なので、

「このガリおいしいわね」

と言って、なかには小どんぶり1杯分くらい食べる人もいる。ある常連さんは、ガリがおいしいから譲ってほしいという。そのとき仕入れたばかりだったのでお分けしたが、ふつうの家庭で、あんなにたくさんのガリを消費できるかなと思った。

わたしもガリは好きだが、寿司を食べるときに2〜3切れつまむだけだ。毎日見ているからそんなに食べたいとは思わないが、嫁いできたばかりのころはガリがおいしくて、釜底のおにぎりといっしょによく食べていた。釜底のおにぎりというのは、シャリを炊いたあとの釜の底に残ったきつね色のおこげで、香ばしくておいしい。毎日食べていたら、

「お前、よく飽きないなあ」

夫があきれた顔をしていたが、あのおいしさは忘れられない。大きなガス釜で炊くので、おこげが茶わん1杯分できたが、いまの土釜では少量しかできない。また食べてみたい味だ。

昔のガリは一斗缶《いっとかん》に入っていた。といっても直接ではなく、大きなビニール袋に入ったものが築地市場から届く。30年くらい前のノートに、ガリ1缶3000円と書いてあった。

しかし、出前をしない小さい店で一斗缶を消費するのは時間がかかり、ガリの味が変わってしまう。少しずつ仕入れるほうがいいと思っていたら、豊洲市場では小さい袋でも買えるようになった。そうしたら、ガリがおいしいという人が増えた。脇役といってもなくてはならない存在だ。値段は昔の5倍になっている。

お茶も寿司屋には欠かせない。お酒を飲んでも最後はお茶になるし、寿司とお茶はよく合う。寿司屋のお茶は粉茶で、茶こしで入れる。早く入れられるし、濃い緑色で香りがよくておいしい。お茶はずっと金子海苔店で仕入れていて、ほかで買ったことがない。ときどき甘いものを食べながらお茶を飲むが、程よい苦みがあっておいしいなと思う。

寿司屋のお茶には、高い玉露《ぎょくろ》などはむかないと夫から聞いた。玉露にはテアニンという甘みの成分が入っていて、それが寿司の味を損ねるという。昔から寿司屋の湯飲みは大きくて、ふつうの湯飲みの倍くらい入る。これは寿司を食べたあと、口の中に残った魚の味を流して、また次の魚を味わっていただくためだという。

でも、熱過ぎるお茶だと味わうどころじゃなくなるから、あまり熱いのは出さないようにしている。

お酒を飲まない人はお茶をよく飲む。大きな湯飲みで10杯くらい飲む人もいるから、（よくこんなに飲めるなあ……）と思うが、そういう人は、お酒をがんがん飲む人を見て、同じことを思っているかもしれない。

酢は寿司屋には欠かせないものだ。酢がなかったらシャリができない。うちは開店以来、ヨコ井醸造という会社から『金将』という醸造酢を仕入れている。最近は赤酢を使っているところが増えたが、うちは昔からこの酢だ。まろやかで尖ったところのない酢で、コハダやサバを締めるときもこれを使う。

締めもののときは酢をいったん煮立て、冷ましてから昆布をひとかけら入れておく。こうすると酢締めにちょうどいい味になる。ときどき酢につけたあとの昆布を食べてみるが、さほど酸味の強くない、おいしい酢昆布になっている。

酢は大きなタンクに入っていて、トラックで配達してくれるのだが、物価高のあおりで最近、2回値上がりした。ガソリン代の高騰でと、配達の人が申し訳なさそうに言ったが、こんな重いものを運んでくれるのだから多少の値上がりはしょうがないと思っている。

大きなタンクに入っているから、そのままでは使いづらいので麦茶入れ用のポットに小分けしている。小分けするときはポットをよく洗い、雑菌が入らないように気をつけている。

夕方開店するときに、

「手酢《てず》をください」

二代目が言う。手酢というのは薄い酢水のことで、寿司を握るときに、指先を湿らせるためのものだ。これは中くらいのボールに入れて、まな板の横においておく。指先に、ほんの少し酢水をつけて握ると手がべたつかないし、酢が入っているからシャリが水っぽくならない。夏の暑いときは氷を入れておくと、手が冷えて握りやすい。手が温かいといい握りにならないのだ。

昔から女性は手のひらの温度が高いので、寿司を握るのに向かないといわれてきたが、手のひらの温度など男女変わらないはずだ。おかしな理由をつけて、女性を排除してたのだなと思う。

夫は手酢をつけてから、パンっと手をたたいて余分な水分を落としていた。あるとき、カウンターに座っていた男の子に、

「おじさん、なんで手をたたくの？」

いきなり聞かれて、

「えーと、これはね、これからお寿司を握りますっていう合図なんだよ」

あせった顔で説明して、まわりの人が吹き出した。

海苔巻きを巻くときも手酢を使う。海苔巻きは握りに比べて、シャリをたくさん使

うので、手酢は欠かせない。わたしは厨房で巻くから、大きめのボールにたっぷり作っておく。

酢ってすごいなと思ったのは、海苔巻きを切るときだ。以前は濡れ布巾で包丁を拭きながら切っていた。包丁がべたつくとうまく切れないので、こまめに拭いていた。

あるとき、布巾が見当たらなかったので、包丁の先を酢水につけ、包丁を立てて柄をトントンっとまな板に打ちつけて、刃に酢水を回してから切った。ほんの少しの酢水だが、すっすっと包丁が入る。切り口もきれいで、お土産用に頼まれたトロタク巻きとかんぴょう巻きが、すっきり折箱に入った。

ちなみに、海苔巻きの折り詰めは神経を使う。並べた切り口の高さをきちんとそろえるようにと教わったからだ。持ち帰って開けたときに並んだ切り口がでこぼこしていると、プロとして恥ずかしいので、きちんと切らなくてはならない。

塩もシャリには欠かせない。シャリに使っているのは、静岡のあらしお株式会社の塩だ。粒が大きめでザクっとした塩で、酢によくなじむ。コハダやサバを締めるときもこの塩だ。サバに塩を打つときはサバが隠れるくらい塩を打つ。打つという言葉通り塩を左手に握り、右手で左手をたたくように塩をふり出す。それがいかにも職人という感じでかっこいい。塩をまとったサバは、雪に埋もれたように見える。

握りに使うのは、新潟県村上市の『笹川流れの塩』というもので、これはきめが細かく、苦味のない塩だ。寿司を握って、白身やイカにこれをちょこんとのせ、スダチを絞ってお出しすると、お客さんが、

「おいしいですねえ。この塩の味が何ともいえないです」

と言ってくれるので、こういうとき、脇役も大事だなと思う。

太巻きの朝ごはん

シャリが残ると翌朝、太巻きを作ることがある。前の晩にかんぴょう、シイタケ、玉子焼き、キュウリ、オボロなどの具材を準備しておき、すぐに巻けるようにしておく。太巻きが好きなのもあるが、たまに自分で巻いて、味を確かめたほうがいいからだ。

海苔の上にシャリを伸ばすと、ずいぶんシャリを使うのだなあと思う。お客さんの太巻きを巻くときは感じないが、自分用だと、カロリー高そうだなとびっくりする。伸ばしたシャリの上に半切りの海苔を敷き、その上にオボロをたっぷりおき、具材を彩りよく並べる。お客さんの太巻きにはアナゴを入れるのだが、勝手に使ったらまずいから、代わりにイクラを入れる。

のりしろは2センチくらいにして巻くと、もう太巻きの完成だ。太巻きは難しいと思っている人が多いと思うが、太巻きは具材とシャリをちゃんと並べて、くるりと巻けばいいから楽だ。細巻きのほうがずっと難しい。

太巻きは八つ切りで、まず真ん中に包丁を入れ半分にする。その半分を4つに切り分けていき、八つ切りにする。切ってみると、具がきちんと入ったきれいな太巻きができていた。あんちゃんのシャリ（前の日のもの）だからどうかなと思ったが、いいできだった。太巻きを炊きたてのシャリで巻くと、シャリに手ごたえがなくて巻きづらい。冷めたシャリのほうが巻きやすいのだ。

できあがった太巻きにガリ、アサリの味噌汁、ナスの糠漬けを添えると、豪華な朝ごはんになった。ひと切れ食べるとオボロの甘みが広がり、そこにイクラの塩味が加わる。

「なんておいしいんだろう」

と思いながらパクパク食べ、6切れ食べたらおなかが一杯になった。さすがに太巻き1本は食べきれないので、2切れは夕方食べることにした。そこに二代目が来て、

「あれ、今日は太巻きの朝ごはんなんだ。めずらしいね」

と言った。日曜日なので豊洲に行かないから、のんびりしている。

「すごくおいしかった。イクラを少しもらいました」

と言うと、

「イクラ入りもおいしいよね。そういえば修業していたとき、ウニ、イクラ、トロ、イカとか入れた海鮮巻きが好きな人がいたなあ」

「うちにもそういう人いたけど、そんなに入れたら味がわからなくなるよね。太巻きはやっぱりこういう甘いのがいいわ。ひとつ食べない？」

「もらいます」

二代目は残った2切れを食べ、

「シイタケがうまいね」

と言った。

「この前、シイタケ煮てたでしょ。あれよ」

わたしは笑顔になった。

シイタケをほめられてうれしかった。

おわりに

この原稿を書きあげたあと、夫の覚え書きノートを読み返してみた。茶色く変色した大学ノートに、几帳面な字で魚のことや、今日はヒマとか出前が多かったとか書いてあるが、わたしの名前はぜんぜん出てこない。

毎日一緒に働いていたのだから、「芳枝が調理師免許取得」とか、ひと言くらい書いてくれてもいいのではと思ったが、まったく触れていない。

夫の頭の中は仕事でいっぱいで、傍らにいるわたしは空気のような存在だったらしい。まさに昭和の男だ。

でも、嫁いでからおいしい魚や寿司をたくさん食べさせてくれたし、技術も仕込んでもらった。おかげで二代目の手助けもできるし、新しく開発した寿司を味わうこともできる。さらに開店50周年の年に、この本ができたのは幸せなことだ。

もしかしたら夫が、

「押し入れにいいネタ帳がしまってあるよ」

と、教えてくれたのかもしれない。

あと何年、寿司屋のおかみができるかわからないが、細く長くやっていけたらと思っている。

青春新書
INTELLIGENCE

こころ涌き立つ「知」の冒険

いまを生きる

"青春新書"は昭和三一年に──若い日に常にあなたの心の友として、その糧となり実になる多様な知恵が、生きる指標として勇気と力になり、すぐに役立つ──をモットーに創刊された。

そして昭和三八年、新しい時代の気運の中で、新書"プレイブックス"にその役目のバトンを渡した。「人生を自由自在に活動《プレイ》する」のキャッチコピーのもと──すべてのうっ積を吹きとばし、自由闊達な活動力を培養し、勇気と自信を生み出す最も楽しいシリーズ──となった。

いまや、私たちはバブル経済崩壊後の混沌とした価値観のただ中にいる。その価値観は常に未曾有の変貌を見せ、社会は少子高齢化し、地球規模の環境問題等は解決の兆しを見せない。私たちはあらゆる不安と懐疑に対峙している。

本シリーズ"青春新書インテリジェンス"はまさに、この時代の欲求によってプレイブックスから分化・刊行された。それは即ち、「心の中に自らの青春の輝きを失わない旺盛な知力、活力への欲求」に他ならない。応えるべきキャッチコピーは「こころ涌き立つ"知"の冒険」である。

予測のつかない時代にあって、一人ひとりの足元を照らし出すシリーズでありたいと願う。青春出版社は本年創業五〇周年を迎えた。これはひとえに長年に亘る多くの読者の熱いご支持の賜物である。社員一同深く感謝し、より一層世の中に希望と勇気の明るい光を放つ書籍を出版すべく、鋭意志すものである。

平成一七年　　刊行者　小澤源太郎

著者紹介

佐川芳枝〈さがわ よしえ〉

エッセイスト。児童文学作家。寿司屋の女将。

1950年東京都生まれ。都市銀行、社団法人信託協会勤務後、75年「名登利寿司」の主人と結婚。78年調理師免許取得。

50年続く東京・東中野の名登利寿司は、故橋本龍太郎氏が総理在任中に本シリーズを読み、愛読者カードを送り訪れるなど、多くのファンを持つ。

寿司も人柄も愛された夫が他界したあとも、息子が二代目大将としてカウンターに立ち、変わらぬ味、新しい味を提供し、変わらず繁盛している。

著書に『寿司屋のかみさん うちあけ話』『寿司屋のかみさん おいしい話』『寿司屋のかみさん うまいもの暦』『寿司屋のかみさん 二代目入店』『寿司屋のかみさん サヨナラ大将』(講談社)、『寿司屋のかみさんとびっきりの朝ごはん』(小社)など多数。『寿司屋の小太郎』(ポプラ社)で第13回椋鳩十児童文学賞受賞。

寿司屋《すしや》のかみさん
新《あたら》しい味《あじ》、変《か》わらない味《あじ》

青春新書
INTELLIGENCE

2023年10月15日　第1刷

著　者　佐《さ》川《がわ》芳《よし》枝《え》

発行者　小澤源太郎

責任編集　株式会社プライム涌光
電話　編集部　03(3203)2850

発行所　東京都新宿区若松町12番1号 〒162-0056　株式会社青春出版社
電話　営業部　03(3207)1916　振替番号　00190-7-98602

印刷・中央精版印刷　製本・ナショナル製本

ISBN978-4-413-04680-0